U0006334

焦慮型人格急救手冊

如何在情緒的狂風巨浪中一再脫險？

BREAKING MAD

by

Anna Williamson & Dr. Reetta Newell

安娜‧威廉姆森、瑞塔‧諾威／著

貝絲‧伊凡斯（Beth Evans）／插畫　高源／譯

目錄

Preface 1
我們住在焦慮星球

安娜・威廉姆森

Anna Williamson

　　十年前，我發現自己正經歷著嚴重焦慮症的困擾。當時我不知道那代表著什麼，更不瞭解那是什麼樣的感覺。那時我正在製作 ITV（譯註：Independent Television，英國獨立電視台，於１９５５年正式開台，是英國最早的商業電視台，也是英國最大的綜合電視台之一。）的一檔兒童電視節目，叫作「Toonattik」——這是我深深熱愛並且讓我有成就感的工作。

　　但這份工作也帶給我巨大的壓力——我要耗費極大的精力，必須時刻都把笑容掛在臉上，而這種頂著壓力的感受又無法與他人分享，於是我崩潰了，徹底地崩潰了。

　　我還清晰地記得那一天發生的一切。可能因為持續幾個月的睡眠不佳，我感覺自己頭腦很混亂，完全無法思考，彷彿變成了一輛任由自動駕駛驅動前行的汽車，所有行動都不受身體或大腦控制。我做出的所有舉動都讓自己驚訝，甚至只是選擇「喝零卡可樂還是一般可樂」時，都像是面對一道天大的難題。那時的我生活在一團迷霧裡，沒有任何腳踏實地的存在感。

當時我還完全不瞭解「焦慮症」或「恐慌發作」這些術語，但對一些症狀還是有所察覺的。我能感到自己很奇怪、不正常，彷彿瘋了一樣。我花了大約六個月時間才知道，那天就是我的「崩潰日」。雖然現在我已經能這樣輕鬆地提起了，但在當時那種走投無路的灰暗日子裡，每一天我都在熟悉的、像是動物用利爪爬向我胸膛的感覺中醒來，無比擔憂、恐懼和孤獨。我就是無法擺脫這種感覺。

每當我面對沉重且充滿毫無原因的恐慌情緒的一天時，我都期盼著這樣的日子盡快結束。我的情緒和體能幾乎都被耗盡，這反而成就了一位「最佳女演員」——我臉上不動聲色，內心卻搖搖欲墜。在某一刻我甚至幻想自己出一次車禍，這樣就能住進醫院中，讓外面的世界都離我遠去。

那段日子到底多讓人難過？在二十五歲的美好年華裡，我擁有一份理想的工作，一個可愛的家庭和眾多朋友，但我的情緒和精神狀態卻一團糟。沒有人知道這一切，說實話，我甚至都不太清楚自己怎麼了。對於自己還沒有弄清楚問題根源在哪的事情，我又怎麼能敞開心扉，去尋求別人的幫助呢？

我發現，「不知道自己究竟怎麼了」正是心理問題的關鍵所在，也是讓人最有挫敗感的一點，這也正是我在這本書中所要討論的內容——焦慮的背後究竟是什麼，以及我們長久以來對焦慮有哪些刻板印象。

人們都說，在轉機出現之前要先跌至谷底，在我看來的確如此。當時的我用盡了全部心力來應對焦慮，但是直到情緒完全崩潰，我才獲得了夢寐以求的幫助。

對我來說，或許沒有比在公眾場合失聲痛哭、暴露自己的情緒更令人羞愧的事了，簡直太尷尬了！我們大多都有這種心理，不願意當眾展露情緒，因為擔心被貼上「弱者」的標籤，或者覺得很丟人……而且，當我們在別人面前哭泣，對方卻遲疑著跑開時，情緒外露也不會給我們帶來什麼好處。說實話，我的哭相並不好看——那種一把鼻涕一把淚的狼狽，和一個突然發脾氣的孩子也沒什麼差別。

那一天，我失眠、焦慮、胸口劇痛、腦子一片混亂、整個人疲憊不堪。當我打起精神來到電視台工作室，準備錄製一集全新的節目時，突然感覺身體內部被什麼東西撕咬著，強忍了許久的淚水突然奔湧而出，似乎永遠流不完。而讓我的情緒有所緩和的，是路過的同事一句簡單的關切：「安娜，你還好嗎？」這句話就像是一把鑰匙，打開了我一直壓抑著的擔憂、沮喪、自我懷疑和焦慮。啊，把情緒釋放出來真好！

這還沒結束，我被同事強行塞進了計程車的後座，送回家休息：「沒完全恢復就不許回來上班！」那時的我還覺得這一切都古怪而不真實，可接下來的三周休假和之後的談話治療，再加上一些短期的抗憂鬱藥物，最終幫助我恢復了睡眠，也讓我的生活得到了改變。

在之後的十年中，多虧了一位高明的治療師——令我受益匪淺的羅伯特·夏皮羅（Dr Robert Schapira）博士，我才能恢復，他是我見過最有才華的精神病專家和導師之一，也多虧了愛著我的家人、一直支持我的朋友，還有大量關於自我接納和其他方面的訓練，我不僅學會了如何處理自身的焦慮和恐慌，也瞭解到如何把它們拋在腦後，不再讓它們影響我的生活和未來。

談話治療的幾種類型

• • •

心理諮商（Counselling）　談話治療最常用的手段之一，能夠讓一個人在私密且不受他人評價的環境裡說出自己的問題和感受。諮商師的職責是置身於當事人的空間和時間裡時傾聽和指導，幫助他們解決任何問題。諮商師通常不會直接給出意見，只會幫助當事人探索，找出更好的看待問題的視角和理解問題的方法。

心理治療（Psychotherapy）　心理治療是一種用來治療情緒問題和心理健康狀態的談話治療方法。除了談話之外，有的時候還會借助其他方式，比如美術、音樂和戲劇等，幫助個案更有效地溝通。

心理治療師需要經過專門的培訓，學會傾聽個案的問題，以幫助他們找到問題的根源和解決方案。除了傾聽和討論問題之外，心理治療師還會提出解決問題的策略；如果有必要的話，還會幫助個案改變自己的態度和行為。

臨床心理學（Clinical psychology） 臨床心理學旨在減輕患者的壓力，並提升心理健康程度。臨床心理學家能夠理解各個年齡層患者都可能存在一系列心理問題，能運用多種基於證據的心理評估和治療方法，以幫助患者在生活中做出積極的改變。

精神病學（Psychiatry） 精神病學是一門致力於識別、治療和預防心理健康問題的醫學專業。精神病學家都是具有行醫資格的醫生，因此除了提供建議和進行談話治療之外，他們還可以開處方。

神經語言程式學（Neuro Linguistic Programming，NLP） 神經語言程式學注重研究我們的溝通方式，以及大腦、語言和行為的動態變化是如何影響我們的。一位神經語言程式學的執業者會像鏡子一樣反映個案所表現出來的情緒，並且通過瞭解他的一系列問題、感覺和阻礙，借助各種途徑和自我探索的方法來幫助和引導個案。

催眠療法（**Hypnotherapy**）　催眠療法詳見本書第九章內容。

正念（**Mindfulness**）　正念意味著要把意識或注意力放到當下，放到你的思想、感覺和周圍的世界上，不做判斷，不思考，不憂慮，只是體驗生命的過程。正念的方法起源於佛教，已經存在了上千年，但直到最近才成為有效的治療方法，即基於正念的認知治療法和正念減壓法。

你可以在治療過程中學習正念，也可以跟著正念老師學習，或是在眾多資源（如線上課程，相關的圖書、影片等）的支持下自我練習。有許多可供你練習正念的途徑，像是正式的常規呼吸練習，或是在日常活動中（如散步或者吃飯時）自己有意識地練習。

情緒釋放療法（**Emotional Freedom Technique，EFT**）　情緒釋放療法有時也被稱作「心理按摩」（psychological acupressure），包括有技巧地拍打身體的某些壓力點，將可能會影

響人的情緒、信念和行為能力的「能量阻塞」釋
放出來。

情緒釋放療法是一種自然、直接、不使用藥物的
自我療癒方法，可以用指尖自行操作，效果就像
由專業的情緒釋放療法執業者幫忙一樣好。

認知行為治療（Cognitive Behavioural Therapy，
CBT）──詳見本書第１９頁。

十年前的那次崩潰為我敲響了一記警鐘，讓我瞭解了焦慮症是什麼，我是誰，我要什麼，以及更重要的——我不想要什麼。接下來便是學會如何應對焦慮症，如何找回平衡。這段經歷也使得我在十年後的今天，寫下了這本書。

在崩潰之後的幾年間，我帶著自我探索的使命不斷研究和學習，目前我已經具備了心理諮商師、生命導師和神經語言程式學高階執行師的資格證書。在這本書中，我將與你分享經過我親身測試且能有效緩解焦慮症的方法和技巧。

無論你是有社交焦慮，或是正經歷著恐慌發作，要處理睡眠障礙問題、焦慮型頭痛和食慾不振，或是要應對創傷後壓力症候群，所以需要借助酒精、藥物甚至自殘的方式來自我麻痺，或是情緒低落、憂鬱，身體有明顯的不適，我都有一些小建議提供給你。

為什麼這本書能夠幫到你

有人可能會質問我（我敢肯定一定會有）：「你知道些什麼？你有什麼資格在這喋喋不休？我們為什麼應該聽你的呢？」

我的回答是，因為這些我都曾經歷過。
你的痛苦，曾經也是我的痛苦。

我曾經因為過度神經緊張而焦慮慌亂：在可怕的工作彙報和

求職面試前夜，盯著時鐘，一小時一小時地煎熬著，無法入眠；我也曾手心冒汗，心臟狂跳地參加一個派對，像是一個沒有朋友的可憐蟲，期盼著地板把我整個人吞沒；我也曾有太多次借助龍舌蘭酒來尋求安慰，為的是讓自己獲得深層睡眠，儘管效果短暫，也想擺脫這無窮無盡的焦慮情緒；更誇張的是，我曾在三更半夜無法入眠，孤單地哭泣，打電話給我媽要她來陪我，把我媽嚇壞了（我已經是一個３５歲、成家立業、即將當媽的已婚女性了）！所以，朋友們，我認為自己完全有資格提供建議。

我自己就是個很好的證明：心理疾病不能、也不應該來定義你，它甚至不該成為一件壞事。事實上，如果我沒有經歷過焦慮症，我可能不會像現在這樣開心和滿足。

我知道你需要什麼

當我處於絕望之中，想要通過看書解決問題的時候，我發現市面上有太多晦澀難懂的書籍，內容充斥著專業術語，太過於嚴肅和冷漠。而彼時的我精疲力竭，處在崩潰邊緣，是難以集中注意力來啃這樣一本書，或者消化一大堆理論知識的。

我需要的是由有實際經驗的作者所寫，可以利用零散時間閱讀的文字來安慰、支持和幫助自己；需要嘗試一些小小的建議和技巧，減輕焦慮帶給我的虛弱感覺；需要感受到有人願意傾聽、理解自己，並且肯定自己是「正常的」——雖然這個詞在如今這個時代備受爭議，但這就是你的感受——特別是這是由曾經和我有同樣感受的人所給出的肯定。

個案和粉絲們常常對我說，他們把我當作導師來信任，是因為我曾經有過同樣的經歷。我得很謙虛地說，我從不認為這是理所當然的。

我曾熱切希望在我最需要的時候能夠有這樣一本書存在——它能夠幫助我理解當時發生了什麼，讓我知道為什麼會這樣，使我鎮定下來，並且給我急需的支持、建議和技巧，使得我的身體和心理機能恢復運轉。更為重要的是，它可以提醒我，我其實是完全正常的，絕對不可以低估這一點對於焦慮症患者的重要性。但很可惜，當時我找不到一本這樣的書，這就是我想要寫這本書的原因。

自從開始了對抗焦慮的征途，我一直以來的目標都是讓自己的經驗和建議保持真實、可信和透明，不論是在電視節目中、我的文章裡還是社交媒體上。焦慮和其他心理健康問題需要被常態化，拒絕污名化，並且以一種真實且真誠的方式來討論，有時甚至可以用幽默的方式來面對——通常，消解焦慮感的最佳方式就是一笑置之！

不僅是經驗分享，更是專業指導

過去的五年間，我積極參與心理健康慈善機構 Mind 的工作，他們對這本書也給予了大量支持。此外，兒童諮商服務的「兒童教養熱線」（Childline）以及青年慈善機構「王子信託基金」（The Prince's Trust），也給我許多的幫助。

「王子信託基金」近期公布了一份報告，報告中提到在十六到三十五歲的青年人中，有一成的人因焦慮而無法走出家門。目前，焦慮已成了當今社會中一個主要的心理健康問題，每四個人中就有一人深感困擾。這種現象不僅存在於某一個種族、宗教、性別或者社會群體中，任何人在任何時間都有可能因為任何原因而身處焦慮之中。

　　我太瞭解有多少人經歷過，或仍然承受著這種本不該承受的痛苦，可能是你自己，也可能是你的某位朋友或者家庭成員。所以，早在幾年前，我就決定與人分享我的知識。我很自豪能夠成為一名替心理疾病擺脫污名標籤的大使，並且作為一名諮商顧問、生命導師和神經語言程式學執業者，把我個人和專業上的知識、建議和技巧盡可能廣泛地傳播給大家。這些經驗，以及我在媒體和工作中所接觸的人給我的回饋，促使我寫下了這本書。

　　《焦慮型人格急救手冊》是給每一位讀者的。這是一本直白、易讀的手邊書，能幫助你認識和處理從最表層到最深層的一切焦慮情緒。無論在家裡、在交通工具上，還是在健身房裡，甚至是在公司的廁所裡，這本書都是你觸手可得的口袋指南。

　　開口談論焦慮不是一件容易的事，但我不認為應該就此沉默。在我個人以及作為電視、廣播專欄「知心姐姐」的經驗裡，邁出第一步，說出自己的需要，其實是一個人最能夠掌控的事情。拿起這本書，你就已經步入正軌了——你做得很棒！

在這本書裡，我將分享個人應對焦慮的經驗，我會提供個人曾經使用過、和個案探討過的一些建議和技巧，以應對焦慮發生時最常見的情形。

因此，我的朋友們，獲得幫助是很容易的，我希望你能從這本書中受到啟發，讓我們一起給焦慮一個下馬威吧。

Preface 2
把焦慮當作正常情緒

臨床心理學家瑞塔‧諾威博士

Dr. Reetta Newell

　　2010年，我取得了臨床心理學家的資格，並在一家兒童和青少年心理健康服務機構（CAMHS）工作了近五年，一直到2014年，我才決定開辦自己的診所。

　　目前我在位於英國赫特福郡（Hertfordshire）的診所裡為兒童、成人以及家庭提供心理評估、諮商和治療服務。同時我也是兩個女兒的母親，她們讓我對心理學的認識加深了許多！

　　作為臨床心理學家，我的主要工作是減輕個案的心理壓力，並且讓他們感覺更良好。我使用的方法眾多，比如認知行為治療（Cognitive Behavioral therapy，CBT），在我為這本書提供的素材裡會大量提及這種治療方法。

　　認知行為治療並不是我使用的唯一方法，因為我認為在治療時考慮每個人所處的環境背景是非常重要的，而這一點認知行為治療並不是總能夠做到。個體的差異，比如家庭情況、年齡、性別、種族、教育程度、文化和宗教，會對一個人應對困境時能調動的資源以及獲取的支持造成巨大的差異。因此，我發現將焦慮

問題置於大環境中思考是非常重要的，在我為個案提供諮商服務的時候，也會把上述因素考慮進去。舉個性別差異的例子：男性更加不願意去尋求心理幫助，但自殺的比例卻更高，這對心理治療從業人員來說是一項挑戰，治療師要設法找到接近男性個案的方式，以便這一性別群體的心理需求能夠得到滿足。

閱讀這本書時你會發現，並不是所有的建議和想法都會引起你的共鳴，滿足你的需求。因為每一個人都是獨特的個體，這些方法並不是「通用的萬能解決方案」。所以當這個方法對你沒有效時，就換個方法或想法試試吧。

認知行為治療是什麼？

● ● ●

認知行為治療是一種被廣泛運用的心理學療法，用來治療焦慮症等常見的心理問題。大量有力的證據表明，這是一種對不同類型成人焦慮症狀都有效的治療方式，並被英國國家衛生與保健研究所（National Institute for Health and Care Excellence）所推薦。認知行為治療的前提是，焦慮的人會對他們自己和世界持有消極的態度，所以它的目標在於幫助人們改變他們看待自己和周圍世界的方式。通過「心理治療普及化計劃」（Improving Access to Psychological Therapies），認知行為治療被廣泛應用於英國國家醫療服務體系和私人心理諮商服務中。

我對這本書的貢獻

在每一章的末尾，我都會就該章的主題分享一些資訊，並介紹一些應對焦慮的小訣竅。為個案諮商的過程中，我總結了不少有用的點子，在此分享給大家。

焦慮症是一種常見的心理問題。無論何時、無論我們有怎樣的背景、處在何種環境中，都可能受到它的影響。我們都會經歷生命中的重大事件，這些事件可能會發生在我們的工作上或者家裡，可能是人際關係上的或是身體健康方面的，可能由於親子關係的改變或者由離婚導致的生活上的改變，也可能是意外事故或者損失，這些事件都有可能令我們焦慮。

按情節嚴重程度不同，焦慮可劃分為不同的範圍，從正常的焦慮反應到影響日常活動的嚴重焦慮，我們每個人的情緒都在這個區間擺動。

「把焦慮當作正常情緒看待」這一點很重要，但當這種情緒開始加重時，我們也要能夠把它識別出來。

「自我治療」是克服焦慮的一個重要部分，不過這不應該替代專業的支持。如果焦慮已經阻礙了日常生活，你就應該考慮和家庭醫生或者心理健康專家談談了。

參考資料：英國國家衛生與保健研究所（NICE，National Institute for Health and Care Excellence，2011）《成人焦慮和恐慌發作的管理》（*Generalised anxiety disorder and panic disorder in adults: management*）。NICE 臨床指導 113.

CHAPTER

1

焦慮是什麼？

「我究竟怎麼了」

安娜的緊急修復法
• • •

慶祝一下　給自己一點表揚。你才剛剛邁出了理解焦慮並幫助自己緩解焦慮的第一步。從這本書開始探索更多的資訊，這麼做就已經很棒了！你已經做了一件對自己來說正面且積極的事情。

停下來　每天或每周留給自己一些時間，停下所有的活動，也停止一切思緒。留出一段「專屬時光」，給自己一個找回自我的機會。

自我採訪　每天問問自己：「今天感覺如何？」不要機械式地回答：「我很好。」哪怕答案並不理想，也要盡可能坦誠地回答問題。根據答案做出反應並採取行動，始終朝著「最好的自己」的方向前行。

焦慮究竟是什麼

好了，讓我們開始吧。你可能是為自己挑選了這本書，也可能是為某個朋友或家庭成員買的，或是只是好奇這本書的內容到底如何。不管你的理由是什麼，我都表示熱烈、由衷地歡迎。

從過往的經驗中我瞭解到，當一個人想要跨入「自助書籍」這類陌生領域時總會望而卻步，因為自己也不確定到底期待些什麼，甚至不知道哪本書是適合自己的。我完全瞭解這種感覺，這也是我決定寫這本書的主要原因之一。如果你想以一種坦誠、公正，甚至輕鬆愉悅的方式來接觸「焦慮」這個沉重的話題，那選這本書就對了。

深陷焦慮時，我非常需要幫助，但我不確定該做什麼，因為我不知道我到底怎麼了，我只知道，我需要、並且希望有個人能告訴我：「一切都會好起來。」並且告訴我：

- 我為什麼會這樣？
- 我可以尋求哪些幫助？

對一個處在壓力之下、焦慮甚至憂鬱的人來說，一本冗長的心理專著簡直是諷刺。在那種狀態下，人們的大腦和情緒彷彿被擊成了碎片。在這種時刻，最需要的是快速、清晰和易於理解的建議和幫助。

在這裡我需要闡明的是：市面上大多數關於焦慮的書籍並沒有什麼問題，有些作品優秀易讀，也可以幫助讀者深入挖掘神經系統科學和大腦化學反應的事實真相。我想做的就是為你省去麻煩，從這些資料中篩選出有用資訊，並提供一種快速解決方案。

因此，我寫這本書的目的就是具體地給讀者我曾需要的一切，比如能即時生效的幫助、同情心、小建議和焦慮來襲時的應對技巧。我希望每位讀者都能過著正常的生活，做著自己熱愛的事，和喜歡的人在一起，並能理解焦慮究竟是什麼——它其實是一種從很久以前就常常被誤解、人類根深蒂固的「防衛機制」而已（後文會詳細介紹這一點）。

你可以把這本書放在隨身的包包裡、辦公桌上，或任何在你需要時就能拿到的地方。我在書中特別設計了些便於理解的章節和活動，措辭也盡量繞開專業術語。你在閱讀時可以通讀全書，也可以直接跳到某一章節，無論你在當下需要什麼，這裡都有。

那麼，準備好了嗎？接下來就讓我們分解一下這個被廣泛談論的詞語——焦慮（Antiety）。焦慮究竟是什麼呢？在我給出簡單的科學解釋之前，我需要先提到另一個經常被用到的詞——「正常」（Normal）。

「正常」是什麼

許多人看到「正常」這個詞語就會非常緊張，尤其涉及心理問題的時候。不要誤解我的意思，任何情況下我都極力倡導尊重

每一個人。但既然談到了這個詞語，讓我們再來釐清一下「正常」的定義：「依照慣例、典型或意料之中的狀態。」也可以看作是「一種常規標準」。

　　首先，我想知道「正常」於你而言是怎樣的。我盡可能不去衡量和評價其他人對「正常」的看法和感受，我們每一個人都是非常優秀、獨一無二的個體——我經常和我的個案、朋友和家人強調這一點。讓我覺得舒適而正常的狀態，可能與你的完全不同，因此清楚你是誰非常重要，這也是閱讀這本書的前提——我們在情緒上、身體上和心理上都更好地瞭解自己是什麼樣的（以及自己不是什麼樣的），會有助於我們去感受和應對很多負面情緒，比如焦慮。

小練習

評估自己的狀態

　　這是一種快速有效的練習，可以讓你專注於當下、自己此時此刻的感受。這樣做能夠有效幫助我們判斷目前的狀態，找出哪些方面需要輕微地調整。

　　準備一本筆記本（或者一塊黑板、日記本裡的幾張空白頁、智慧手機、平板電腦等任何在你手邊、可以記錄的工具）。

　　在頁面上畫一條線，在線條最左端標上數字 1，最右端標上 10，或者從 1 寫到 10（把中間的數字都填上）。

▼

　　現在，花一點時間，什麼都別做，只是停留在當下。保持站姿或坐在現在的位置上，如果你不覺得傻乎乎的話，可以把眼睛也閉上。

▼

　　留意你此刻有什麼感覺。不是昨天，也不是通常情況下，就是**現在**，並讓這種感覺停留一會兒。

▼

　　數字 1 代表「感覺很棒，處於平和之中」，數字 10 則

是「感覺到無法忍受的恐懼或痛苦」，判斷自己此刻處在 1—10 間的哪個階段，寫下代表你現在狀態的數字。

▼

問問自己：「我該做些什麼來把數字降下來？」如果你目前已經處在狀態 1，那真是太棒了，保持下去！

▼

每天都記錄自己所處的狀態，問問自己同樣的問題，並留意可能會發生的任何變化，比如某些特殊時期的數字，可能代表當時你正處於高壓或焦慮狀態。

▼

當我們開始留意自己的感受，就會思考生活中的一些要素是否需要改變，應當如何改變，哪些事物應該以不同的角度去看待，通過這些調整來使自己的狀態更接近狀態 1。

Note 如果你的狀態為 10 且持續如此，就要考慮去看醫生或去做心理諮商，以獲得更多及時且一對一的建議和支持。

我們都是「焦慮家族」中的一員

可能你和我一樣，在每次焦慮發作、出現壓力反應，如大腦一片空白、掌心冒汗、心臟跳動劇烈時，都會無奈地發問：「為什麼是我來承受這一切？」

很明顯，我們都希望自己只是個平凡無奇、沒有焦慮困擾的正常人。然而事實上，每個人都會焦慮。數據顯示，在英國，每四個人中就有一個人被心理問題折磨，其中每五個成年人中就會有一個遭受焦慮的困擾。假設英國人口在６４００萬上下，這個比例就意味著將近１３００萬人可能隨時都得應對焦慮的問題。

２０１５年英國國家統計局的調查報告顯示，在１６歲以上的英國人中有將近２０％都表現出焦慮、憂鬱或其他影響生活的高風險症狀，其中女性佔了三分之二。

這意味著什麼呢？這說明，我們都是這個龐大的「焦慮家族」中的一員，焦慮已經成為一種常見現象被廣泛研究。因此，對於自己經歷的一切孤獨感或被隔絕感，我們都沒必要太緊張，因為你身邊的人很可能也都經歷過這些感覺——他們只是沒有告訴你罷了。

當我第一次體會到焦慮和恐慌發作的嚴重後果時，我覺得自己是這個世界上最孤獨、最壓抑的人。我無法理解自己身上究竟

發生了什麼事，也不敢告訴任何人，因為我害怕被貼上「怪人」或「瘋子」的標籤——這是兩個充滿惡意的詞語，現在人們卻到處濫用。

我還記得當時的感覺，彷彿自己生活在一團迷霧裡，與周圍隔絕。我感覺「把自己弄丟了」。這種感覺很可怕，我真的相信在那些被恐懼佔據的日子裡，我患上了很嚴重的心理疾病。

但事實上，我沒得病，根本沒有。你知道是什麼讓我如此難受嗎？

壓力——是的，老生常談——就是精神壓力。

當壓力爆發時

想要瞭解「焦慮」，首先要瞭解「精神壓力」是什麼，因為這兩種感覺往往是共生的。精神壓力會慢慢累積，逐步達到一個人無法在身體和心理上恰當應對的程度。不要把你自己與其他人比較，這點非常重要，因為每個人都會以不同的方式來應對問題，並以不同的方式表達出來。沒有人是正確或者錯誤的，不同的表達方式也說明不了一個人是堅強還是脆弱，我們應該尊重每個人的不同。

以下是一些壓力的症狀（包括但並不限於下列幾種），它們可能會讓你產生共鳴：

- 頭痛，脖子痛
- 難以入睡或沒有深度睡眠
- 做噩夢快速動眼期過於頻繁
- 易怒
- 有腸胃或消化問題
- 情緒低落
- 食慾下降，或貪戀垃圾食品
- 消化不良
- 容易流淚
- 感覺茫然不知所措
- 呼吸急促
- 感覺胸痛或心跳過快

想知道壓力是怎樣為焦慮「預熱」的嗎？你可以把壓力和焦慮當作一對明星組合，他們在事業上給予對方積極有效的啟發和鼓勵，如果「單飛」的話，他們可能都不會有這麼好的發展。

此刻，花點時間思考一下這個問題：當你感到焦慮時，是否也會體驗到壓力或類似的感覺？

從我自己的經歷來看，在焦慮的巨浪迎面撲來之前很長的一段時間裡，我都放任各種煩心事和來自別人的壓力向我滲透。用

「放任」這個詞，是因為我是無意識這麼做的。其實，我可以選擇把壓力控制在一個健康的程度上，也可以選擇任由它像洪水一樣吞沒自己。當時我並不知道這有什麼區別，導致各種各樣的壓力都緊隨著我。於是我陷入了艱難的境地，巨大的壓力得不到一絲緩解，相信每個感到過焦慮的人也都曾陷進去。雪上加霜的是，我的工作雖然光鮮，然而和那些強勢的人一起工作的壓力卻非常巨大。我完全由著這些大人物支配自己——至少當時是那樣，難怪所有的事情都混在一起，不斷加重我的壓力，讓我那脆弱不堪的情緒調節器完全失靈。

小練習

評估自己的壓力

　　我畫過「蜘蛛圖」（spidergram，在空白處畫一個圓圈，往外伸出很多「腳」，就像蜘蛛一樣），作為壓力評估工具，你也可以試試。

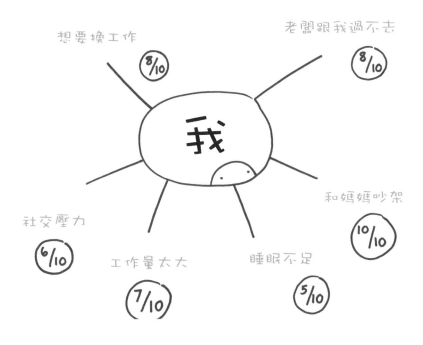

盤點一下此刻你的生活中正在發生的所有大小事，尤其是那些讓你感到壓力的事，以及帶給你的具體感受。

▼

在蜘蛛圖的「腳」上把這些事情和感覺都寫下來。

▼

將生活中的各個不同層面都在心裡過濾一下，工作、家庭、財務、社交……任何讓你煩心、有壓力的事情，全部寫下來。我把這個過程叫作「大腦清理」（brain dump）。

▼

將湧入你腦海的煩心事全部寫下來後，花一點時間看看這張圖，告訴自己，它們現在都湧出了腦海，落到了紙上或其他你在使用的媒介上，讓自己在心裡與這些煩惱保持健康的距離。

▼

深呼吸，讓所有壓力隨著呼出的氣體消散而去。如果是寫在紙上的，那麼落筆時它們就已離開了你的大腦。

▼

在目前這個情緒稍有疏離的位置上，根據其重要性與受影響程度，為你寫下的每個壓力來源評分，數字 1—10 中，10 代表最重要或感覺最強烈。

▼

注意前三項最重要的壓力來源，其他的都暫時「擱置」
（它們依然很重要，只不過需要另找時間來處理）。

▼

面對三項主要的壓力來源，想想自己的感受如何，需要
做些什麼才能讓這些壓力有所減輕，是否需要做一些不
一樣的事情。

▼

先讓這些想法發散開來，如果覺得舒服的話，再逐漸構
思一個「行動計畫」，比如自己可以怎樣去想、去説或
去做，讓壓力和焦慮程度下降到一個更理想的狀況。

▼

按照自己的節奏，一步一步來，盡量不要在練習中製造
出更多的壓力，看看你可以做出怎樣的調整來應對壓力
的來源。

▼

重新掌握壓力的來源和觸發點，可以非常有效地讓你明
白究竟發生了什麼，以及它為什麼會發生——最後的目
標就是徹底根除你生活中所有的壓力。

壓力和焦慮，這一對的關係很微妙，配合協調時，它們會及時提醒你生活中有哪些方面需要更細心地加以留意；但是當它們失去平衡，你又沒有留意到的時候，生活就會變成一場噩夢。

　　因此，你首先要做的就是注意自己的壓力程度，並且檢查壓力的來源。

不可或缺的焦慮

　　當我們想到焦慮時，總會將它歸到負面情緒中。可如果自我防衛機制裡缺少了焦慮，我們也許就會在橫越馬路時直衝到飛馳而來的車前，或忘記準備重要的董事會議，還可能放任年幼的孩子在擁擠的停車場裡隨意亂走。焦慮的存在是非常重要的，而且自有其道理。可惜當它在我們不需要的時候卻釋放信號，就會讓我們受到驚嚇了。

　　我在猶豫接下來要不要加入一些科學性的內容（並不是說科學有什麼不好，它很偉大，只不過不是本書的重點），但是作為一名對於科學知識有所涉獵的治療師，我發現當焦慮來襲時，僅僅從理論上理解和分析焦慮「是什麼、如何而來和為什麼會來」，是遠遠不夠的。

　　因此，我會盡可能簡單地闡述這個部分，也希望能夠幫助你對自己能多一些瞭解，理解你的身體和大腦是如何應對焦慮的。如果我們能夠知道某些事物如何運作，就能更好地去掌控它。

哦好吧，
人啊！

哦不，我把這些
搞砸了怎麼辦？

如果我說了
什麼蠢話該
怎麼辦？

我不想說蠢
話！！！

但是……萬一
還是說了呢？

而且，萬一每
個人都是假裝
對我友善呢？

而他們私底下都
很討厭我呢？

萬一我說出來的
話都很蠢呢？

啊啊啊啊啊啊！

你還好嗎？

我很好！而且還很
正常！完全正常！

戰鬥、逃跑還是原地不動

　　也許你也曾用「戰鬥、逃跑或原地不動」的方式來應對焦慮。如果你從這個章節中還沒有得到什麼資訊，那麼能夠記住這個方法也不錯，因為這是一種存在於我們大腦裡的防衛機制，是我們基因中的一部分。這個機制甚至可以追溯到人類進化的初期——在這個時期我們真的很需要它來保全小命。

　　讓我來舉例解釋一下：現在的社會如此現代化且便利，我們身邊的朋友、家人和同事也都是文明的社會化人類（在大部分情況下）。如果我們和某人之間產生了矛盾或衝突，我們會考慮的解決方案就是開啟一段友好的談話，或者來一場古老的辯論，努力找出雙方的差異，然後解決問題，絕不會在發起火來的那一刻揮起斧頭和木槌，因為這在文明社會是完全不能接受的，而且我們一定會面臨很嚴重的法律制裁。

　　但如果你是一個原始人，身邊的每個角落都充斥著危險：你去原始叢林裡打獵，需要時刻保持清醒理智的頭腦，等著狩獵目標從灌木叢裡衝出來，此外還需要對付其他部落的突襲。

　　這個原始人會怎麼想？他的身體語言會告訴我們些什麼呢？他的身體很有可能是緊繃著的，處於警戒模式之中；兩眼發亮，警惕任何危險的徵兆；隨著腎上腺素分泌增加，他的心跳會加快，呼吸也會變急促，使得更多氧氣進入血液；他的身體會覆蓋

上一層細密的汗珠來為自己降溫；他的腸胃和消化系統會暫時關閉，讓更多的血液流向更加需要的身體部位，比如用來跑步的雙腿，這也會使他口乾舌燥；他在身體上和精神上都會被喚醒，時刻準備好行動……可能是與動物搏鬥，也可能是逃跑，或者原地不動不讓自己引起注意。

一旦獵捕到野獸，或是部落威脅解除了，他的身體就會漸漸地放鬆下來，過不了多久就恢復到正常狀況。這是一套多麼聰明而複雜的防衛機制啊！

從幾千年前一直到今天，我們的大腦中仍然使用著相同的防衛機制。從一方面看這是很棒的，但從另一方面來看卻並非如此。為什麼呢？因為我們大腦中早期發育的部位無法區分哪些是真正的威脅，哪些只是我們察覺到的危險，也區分不出真正存在的危險和想像出來的危險。

簡言之，在評估我們應不應該焦慮時，我們那套精妙的自我防衛機制有它自己的方式。所以，當我們坐在家裡想像著自己被人群包圍會有多麼可怕，或者在陳述工作的時候突然忘了該說什麼會有多麼尷尬時，只要我們的想像足夠清晰，就會喚起焦慮的感覺，我們就給了大腦一個明確的信號，激發大腦做出回應──戰鬥、逃跑或是原地不動。一段時間之後，如果這種假想的狀況仍然存在，並且始終伴隨著一種擔心害怕的感覺，你的焦慮情緒就會加重。

我們可以做些什麼

我保證，科學理論部分已經結束了。理解事物發生的原因是很重要的，這樣有利於我們進一步瞭解如何去應對它。根據理論得出的結果是，我們可以採取行動來控制好我們的壓力和焦慮程度，時刻檢視，讓它們保持在健康的範圍內。在以後的章節中，我會進一步分析焦慮呈現的幾種症狀，為你提供快速治療小訣竅和長期治療的建議。

當焦慮成為困擾你的重大問題、你需要富有同理心的傾聽者時，你會用到這本書。你也應該考慮找健康方面的專家談談，比如家庭醫生、健康諮商師等，他們也可以提供幫助和支持。

要不要進行藥物治療

我常常被人問到如何看待「用藥物治療焦慮」的做法。從我的經驗和感受來看，藥物治療對我有很大的作用。

當我無法工作、被精神科醫生診斷為焦慮症的時候，他給我開了兩種處方藥品：贊安諾（Xanax），一種用來治療焦慮和恐慌症的苯二氮平類（benzodiazepine）藥物，在短期內對身體和情緒問題有緩解作用；立普能錠（Escitalopram），一種常見用來治療焦慮和憂鬱的藥物，可長期服用。

我是在精神科醫生（夏皮羅醫生）和家庭醫生的嚴格控制下服用這些藥物，這一點非常關鍵（如果沒有專業的醫生指導，絕對不能自行服藥）。在我拿著面紙狂擦鼻涕，看著一波波前來探望我的朋友，內心充滿恐慌時，藥物使我獲得暫時的冷靜，讓我能進一步思考如何通過談話治療找出焦慮的真正根源。

　　我對醫生為我規劃的一系列治療方案，以及自身的進展非常滿意。在暫時告別工作後，我內心迫切渴望通過藥物干預來恢復睡眠，關閉我大腦裡一直積極接受壓力的那個部分。初期我服用了三周贊安諾錠，起效後就不再用了，此時小劑量的立普能錠開始奏效（大概花了四周左右才開始有效果，甚至可能沒有注意到——因為這是循序漸進的），這樣我就可以找心理諮商師去解決其他問題。

　　許多人認為服藥很丟臉，其實大可不必。我的建議是，只要服藥對你有效，是適合你的，並且你看過醫生、遵照醫囑服藥，而不僅僅是靠網上搜索來的資訊，這就可以了。

　　在這個章節的最後，我想要看看你現在感覺如何，請你調整到平和、積極、正面且好奇的狀態，來閱讀本書剩餘的內容。

小練習

從你的感受出發

考慮一下你想要怎樣的感覺,而不是你此刻的感覺是怎樣的。

把近期經歷的、可能一直持續到現在的、會帶給你負面
情緒或感覺的情形與自己隔絕開來,想像一下,從此刻
開始你要有怎樣的感覺。

▼

把消極的表達改變成更加積極的表達,比如你可以這樣
想,將「我不想要糟糕的感覺」改成「我會感到很放
鬆,會變好的」。

▼

做一些能吸引自己的表情,比如照鏡子看看自己在陽光
下的笑臉,讓所有內在的感覺和想法都轉化成積極正面
的影響。

▼

讓這些美妙的感覺和想法停留一會兒,深呼吸,抖抖肩
膀,迎接一個更積極的自己。

瑞塔博士說⋯⋯
理解焦慮

　　正如安娜一樣，許多人在經歷這一切時會感到孤獨無助。人們覺得自己不應該感到焦慮，或者應該不惜任何代價去避免焦慮，這是很正常的。在這種想法背後，人們覺得焦慮會傷害自己，或使自己發瘋。但是正如安娜所說，焦慮有其存在的道理，也完全不是瘋狂或軟弱的信號，如果能找到恰當的平衡點，焦慮不會對人造成傷害。

　　我很喜歡安娜的「壓力評估法」，它會讓你更好地瞭解是什麼導致你目前的焦慮。在諮商工作中，我會幫助個案梳理出一份「焦慮構成報告」，來討論究竟發生了什麼。這意味著我們會分析可能導致焦慮的各種因素，包括從童年到最近所經歷的困難、改變或損失。有的人總是「擔憂者」（可能是天生的，也可能是後天養成的），還有的人則是因為某件沮喪的事才開始焦慮的。我也會分析是什麼讓焦慮持續，常見的原因有：逃避現實、尋求認可卻得不到、思考方式上的偏見，以及他人過於熱情的「好意」。

建立自己的「焦慮構成報告」，清楚明白你的焦慮，是克服它的良好起點。隨著進一步深入地閱讀，你會發現安娜顯然已經把這種方法運用到了自己身上。

　　學會放鬆，挑戰自己的想法，直接面對內心的恐懼。這種方法來源於認知行為治療，一種應對焦慮常用的心理治療方法。我會在本書後面的章節繼續探討。

克服焦慮的幾點建議

　　瞭解焦慮，知道這是正常的，是我們所有人在某個時間點都會經歷的事情，因此我們也要改變與它的關係——接受「它是正常人的一部分」這個事實。焦慮是由三個部分構成的：想法、生理上的感覺和行為。理解焦慮在你身上是如何體現的，能夠幫助你應對它。

　　學會放鬆。正如安娜對個案所做的那樣，我也會幫助我的個案練習平靜呼吸和肌肉放鬆。放鬆的方式有很多種，所以盡量多去嘗試，找出最適合自己的那種，比如著色書就是現在很流行的一種鎮定減壓方法，其他方法還有瑜伽、游泳、聽音樂……找出最適合自己的方式，也要允許自己轉換其他方式。

與自己的想法辯論，也可以稱為「挑戰想法」。不要相信自己的每一個想法。焦慮會讓我們覺得世界是充滿威脅的，會把我們推進很多「思考陷阱」之中。在焦慮性的思考和現實性的思考之間找到平衡非常重要，要記得提醒自己，開發、嘗試更多的替代方案，獲取更有益的想法。

　　直接面對恐懼，逐漸朝目標努力。列一個清單，寫下想要逃避的情形，把它們根據難度來排序。這個方法叫作「暴露模式」，就是要你一直處在這種情境裡，直到焦慮程度有所下降。這個方法操作起來不太容易，需要你持續努力，但它終究是會見效的。

　　正如安娜所說，以自己的步調來實行自我修復的技巧是非常重要的。在這個過程中不能心急，有時你需要在接受現狀（雖然這個現狀你可能並不喜歡）和決心改變之間保持一種平衡。如果能夠做好平衡，你就能朝著解決問題的方向前進，同時也會欣賞當下的自己。

CHAPTER

2

恐慌發作

「嚇壞了」

在恐慌發作期間，你會感覺自己像是瘋了、甚至快要死了，但其實，這些壓根就不會發生。恐慌發作會帶給你昏天暗地的感覺，但絕對不會殺死你。它大約會持續二十分鐘，但只有幾分鐘是高峰期。它往往發生在你最不想要發生的時候，讓人措手不及，這才是最可怕的地方。

改寫標籤

接下來，我會談一談恐慌發作的真相。恐慌發作會讓你聯想到什麼呢？對我而言，這個詞幾乎和讓人恐慌的事物一樣可怕，甚至更糟。我嚴重懷疑，發明這個詞語的人是否真正經歷過恐慌發作。我更傾向不要用這麼負面的名詞來指稱這種症狀，儘管這個詞語看起來確實與恐慌發作的具體感覺一致，即一種被恐慌「襲擊」的狀態。但即便如此，我依然不認為這個名詞對解決問題有所助益。

因此，我們要做的第一件事就是改寫這個標籤。詞語本身就有巨大的影響力，能從意識和潛意識層面改變一個人的感受或行為。我們要做的改變，就從這個名字開始。

名字有什麼含義？這裡我要引用莎士比亞（Shakespeare）《羅密歐與茱麗葉》（*Romeo and Juliet*）中茱麗葉的話說明一下。這位情路坎坷的女孩向我們指出，在幾百年後，命名會是

安娜的緊急修復法

• • •

呼吸 控制自己的呼吸——用鼻子吸氣（持續七秒），暫停，然後呼出（持續十一秒）。這是緩解恐慌情緒最快的方法。

讓時間暫停 找一個「安全的」地方，比如廁所隔間、汽車裡，或一個安靜的角落，讓恐怖的感覺自然地湧現，再消退。不要去和這種感覺抗爭（這樣它反而會消失得更快）。

找可靠的人訴説 找一個可靠的朋友聊聊天，敞開心扉，告訴對方你需要什麼、不需要什麼。

「一個膚淺和毫無意義的習俗」。我非常認同這一觀點，尤其在面對一些心理學名詞時。「恐慌發作」「創傷後壓力症候群」「自殘」……光從字面上來看都是相當可怕的，更別說它們的含義和帶給人的感覺了。

從我自身經歷來說，診斷書上「恐慌症」（panic disorder）與「廣泛性焦慮症」（generalised anxiety disorder）這兩個詞就足以令人驚恐，它們的字面影響甚至比心理學上的實際意義更大。因此，我要做的第一件事就是——改變它。

我不想被負面標籤所定義，也不願意接受它、躲藏在它的身後，讓它成為我一輩子逃避的藉口。當你從某種事物中抽身而出後，它附帶的影響力也會隨之消解。

比如，我會把「恐慌」這個詞改成「能量」，「發作」改成「超載」，這樣「恐慌發作」就變成「能量超載」了，聽起來不再那麼可怕，幾乎是正面的，不是嗎？

你曾經對什麼
事感到沮喪嗎

哪怕這件事
未曾發生過

很有可能以後
也不會發生

但是，萬一

它真的發生
了呢！

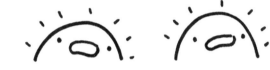

一切都很可怕，
我很恐慌！

我很緊張！

我很沮喪！

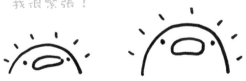

我對還沒發生
的事情都能這
麼恐慌！

小練習

創造新名詞

　　讓我們來一場腦力激盪吧：「恐慌發作」這個詞於你而言意味著什麼？盡可能地聯想，越多越好，然後把想到的詞彙寫下來。這些詞彙帶給你什麼樣的感覺？它們是什麼樣子的？有聲音或感覺嗎？是不是還帶有某種氣味或味道？

想一些可以用來描述「恐慌發作」的新詞語，但是要更加積極、更少負面和情緒化的表達。如「恐慌」可以換作「興奮」或「腎上腺素」，「發作」則可以換成「體驗」或「時刻」。

▼

把這些新詞彙反覆排列組合，創造出只屬於自己的新名詞，用來替代「恐慌發作」。

▼

留意以這種全新的方式思考會有怎樣的感覺，是否帶走了一些曾經歷過的恐懼？

▼

繼續遊戲，嘗試新的詞彙，直到想出合適自己的為止。

從現在開始，每次聽到或讀到「恐慌發作」這個詞（也包括在讀這本書時），我都希望你能用讓自己感到安全的詞語替代它。

　　好了，現在我們已經拿走「恐慌發作」這個詞彙的負面能量了。當然為了表述清晰，後文中我還是會沿用之前的名稱（但每當你看到時，可以替換為你取的新名稱）。

我所經歷的恐慌發作

可以說，恐慌發作是我焦慮之路的真正起點，它是我特有的焦慮症狀，也是我精神壓力最大時期的反應。焦慮本身有許多種表現形式，我第一次被焦慮突襲，就是那次在工作時爆發的恐慌發作，它徹底擾亂了我的生活。這種恐慌發作的感覺吞噬了我的全身，我甚至沒有機會去阻止，何況是理解它，彷彿它無論何時發生，我都只能對它敞開大門。它就像一頭被釋放的猛獸，那時的我覺得它有權對我發動突襲，無論何時它都會得逞，而我全無招架之力。這種恐懼演變成對恐懼本身的恐懼……我知道自己遇到大麻煩了。

當時我正在 ITV 做一檔兒童電視節目。我很愛我的工作，我愛整個製作團隊，愛這檔電視節目和觀眾。那麼，當時我為什麼會如此恐懼，以至於在工作中完全崩潰了呢？是因為情緒上的壓力在其中起了很大的作用，這方面我在第一章已經談到了一小部分，但最主要的是我當時並沒有意識到，過去幾周不斷在生理、心理對我造成雙重困擾的情緒表現，最終引發了恐慌發作。

這種情況是從六個多月前開始的，每天早上我都在噩夢中驚醒，總是心神不寧，哪怕是最最簡單的決策都害怕決斷（甚至是在超市裡要買哪種汽水都無法抉擇），同時我覺得自己做的所有事情都很混亂模糊。我對所有事情都充滿擔心，並且，在沒有意識到的情況下，我已經在例行工作和時間安排上表現出強迫性。

在我擔任節目主持人期間，會遇到很多計畫變更，有的長達數小時，有的最後一刻才發生，也遇到過很多個性很強勢、很自負的人——我後來才知道，這些都是有可能導致恐慌發作的誘因。我從未在諸如記台詞、玩遊戲上有過什麼問題，事實上我很為自己在這些方面的表現感到驕傲，但如果節目腳本沒有及時準備好，我就會抓狂。這並不是什麼至關重要的大事，並且製片人和其他工作人員也不知道我把自己逼到了怎樣的狀態，他們也有其他工作要忙，沒理由一定在第一時間為我準備好腳本。但我就是會被這種心神不安的感覺困擾著，一周比一周更嚴重，如果某件事沒能在某個時間點前完成，比如我沒有準時拿到節目腳本，預約的出租車沒有準時來接我回家，我都會非常抓狂！這並不是誰的錯，只是我的身體在以某種方式來警示我出問題了。隨著我對自己的要求越來越苛刻，我的洞察力和理性思考的能力開始漸漸地被消磨，發展成強迫性思考了。

我們都曾經有過限制性且無用的想法，比如「如果晚上十點還沒入睡，就沒有充足的精力應對明天的工作了」。在心理狀態逐漸惡化的階段，我做每件事都會冒出這樣的想法，精神壓力非常大。當我們對自己如此苛責時，結果如何呢？只會適得其反，因為我們的大腦會收到一個清晰的信號，去做不會讓你產生恐懼的事情。大腦不會處理負面訊息，所以它聽到的只是「不要入睡，我還沒有準備好呢！」

現在回頭看，才意識到當時不該這樣做，希望這些由我付出沉重代價學到的東西能夠幫到你，我不希望你有同樣的經歷。

在那段時間，我幾乎每天都處於情緒崩潰的狀態中。我從未聽過「恐慌發作」，更別提知道這種感覺究竟是指向什麼以及如何阻止了，據我所知，也沒有人在公開場合談論過這個話題。我只覺得頭非常痛，知道自己一定是出了某些問題，而且是非常嚴重的問題。

我終於承認自己需要幫助

將這些經歷寫出來其實很艱難，因為這會讓我再次想起那些錯綜複雜的感覺，那種熟悉的恐懼隨時會從我的胸腔裡冒出來，把那些恐怖的回憶也一同喚醒。但是我得提醒自己，我現在是安全的，我也要告訴你們發生過什麼，這一點非常重要，因為我承諾過要對你們開誠布公——這是唯一可以讓你們產生理解和共鳴的方式。

我站在 ITV5 號錄影棚繁忙的走廊上，這個我如此深愛的地方（幸運的是現在依舊如此），我們的節目與「GMTV 和洛林」（現在隸屬 ITV 的「Good Morning Britain」節目）共享錄影棚，得等到他們直播結束，我們的道具和團隊才能挪進去，準備一小時後「Toonattik」節目的拍攝。錄影的日子總是最激動人心，也是我的最愛，但是在過去幾周的時間裡，因為這些可怕且無法解釋的焦慮感，我開始懼怕壓力，然後一下子就爆發了。

回到２００６年那個特殊的一天，我從未如此難受過，彷彿與世界隔絕，我徹底嚇呆了。我好幾天都無法入睡，每天晚上躺在床上，被最可怕的想法支配著。在發作的前一天夜晚，因為無法獨自待在自己的公寓裡，我選擇和家人待在一起。我整晚都蜷縮在床上，和媽媽在一起，她努力安慰我「一切都是安全的」。我，一個收視率排名第一的兒少節目主持人，卻像剛剛會走路、會喊「媽媽」的幼童一樣蜷縮著。你說我有多痛苦！

我還記得當時我站在演員休息室的走廊上，洛林·凱莉（Lorraine Kelly）才直播完，示意我可以化妝準備開始了，我還能意識到身邊一片繁忙的景象，倒完茶奔跑著的人，道具師拖著笨重的戲服，GMTV 的節目主持人拿下麥克風，完成一早的工作之後總算是鬆了口氣。只有一位女士，可能是出於某種理由，覺得應該問問我怎麼了，因為我明顯看起來不太「正常」。也正是這位女士的仁慈和關切打開了我的情緒閥門，讓我感激和委屈的淚水盡情決堤，我最終艱難地吐出了一個詞：「幫幫我。」

從那一刻起，我終於承認自己需要幫助，而且公開說了出來。我的主持搭檔傑米（Jamie）非常聰明，他立刻控制了這個突發事件的節奏，把我的情況告訴了我們的導演和製片人，他們很快就安排我回家休息，給予我所需要的一切幫助。

在電視節目錄製到一半的關鍵時刻離開節目製作現場，這絕對不是一個正確或明智的決定，但是我所在的工作團隊真的很棒，對於我和我做出的決定給予友善的接納和完全的支持。

「Toonattik」是我到目前為止職業生涯中尤為摯愛的節目,與我合作過的團隊成員也會是我一輩子的朋友。

幸運的是,經過這次在大庭廣眾下的崩潰之後,我得到了自己迫切想要的幫助。我當時非常渴望有人可以把與這本類似的書放到我手裡,因為這可以讓我感到自己並不孤單,以及出現這種情況是正常的。

那麼現在又要提到半學術性的內容了:恐慌發作究竟是什麼?我為什麼會這樣呢?

關於恐慌發作的小科普

從我自身經驗來說,目前應對恐慌發作最簡單的方式,就是把它當朋友。你一定會覺得我在說什麼荒唐話,但實際上,恐慌發作是一種自然的防衛機制,它的原理與我在第一章裡解釋精神壓力是如何影響我們的一樣。

那麼,讓我們再進一步看一看精神壓力、焦慮、恐慌發作之間的關係。

回到上一章提及的叢林時代,那時的生活還是相對原始落後的,到處都有捕食者,叢林中處處潛藏著威脅——我不能確定當一頭牙齒鋒利的老虎撲向我時,自己能有多鎮定!在這種戒備狀態下,我們的身體反應和自我防衛機制因應而生,否則我們就成為老虎的盤中佳餚了。而你現在也已經知道,這就是前文提到的

「戰鬥、逃跑還是原地不動」策略——你是要對抗危險，還是躲藏起來，或是要逃離這個鬼地方？

那麼，你還記得當我們的原始人祖先遇到危險時的表現嗎？肌肉緊張，預備行動；血壓升高，心跳加速，加快血液流動到肌肉，以應對額外的供血需求；呼吸會變得快而淺，以幫助氧氣更快地輸送，這會讓他頭昏眼花，或許還伴有胸悶和疼痛；他會口乾舌燥，突然想上廁所；身體會暫停消化片刻，以指揮更多的血液流到伺機而動的四肢；還可能會噁心嘔吐，還會流汗以便幫身體降溫。這就是通常說的「壓力荷爾蒙」所帶來的效果。

是不是有種似曾相識的感覺？恐慌發作與第一章中提到的焦慮和壓力反應（stress response）非常相似，因此焦慮與恐慌發作、壓力以及本書後面章節要提到的現象都有密不可分的關聯。

幸運的是，現在不再會有野獸或手持矛槍的敵人潛伏在我們四周。但是我們這個複雜的人類物種在進化中卻依然保持著這一核心生存技能。從一方面看這樣很好，但從另一方面來說，如果我們在超市貨架前選購商品時恐慌發作（這真的在我個案身上發生過），那就麻煩了！

不過，現在我們對恐慌發作的瞭解更多了，我們完全可以採取更好的方式控制它。我希望你已經開始掌握這項技能了。

小練習

如何趕走恐慌發作

好的，現在你對以下這些感覺應該很熟悉，選擇其中幾種來組合吧：

- 呼吸急促
- 覺得不舒服
- 頭昏眼花
- 胸口刺痛
- 全身發冷
- 臉頰發熱或漲紅
- 掌心冒汗
- 想上廁所
- 迫切想要逃離此地
- 感覺在迷霧裡
- 非常害怕
- 淚流滿面
- 呼吸急促，心跳加速

首先不要與這些感覺抗爭——讓恐慌發作離開的最快方式就是順其自然，不要抵抗。這些感覺只是「求生模式」下的精神壓力對你發出的信號——你目前已經處於「警戒模式」了。

如果有可能，找個「安全區域」自己待一下，可以是廁所、走廊或某個安靜的角落，你可以對恐慌發作發起挑戰：「來吧，使出你最厲害的招數！」

▼

讓這些感覺到達極限，然後它們就會退潮。留意它們是如何從你身上消失的。

▼

停留在當下。感受你周邊的環境，注意你坐的椅子或者腳下地板的硬度，你能聽到什麼，比如外面的車流聲，沖馬桶的水聲，他人的談話聲——提醒自己現在很安全。留意身邊真實發生的事情，而不是想像中「可能」會發生的事情。

▼

調整呼吸，四肢放鬆。舒展肩膀，抖動雙手、手臂和手指來釋放壓力，輕柔地來回轉動脖子和頭部。

閉上眼睛，把注意力集中在呼吸上，傾聽並感受它。吸氣七秒，暫停一下，然後呼氣十一秒。重復這組動作五次（這樣會把更多氧氣帶到血液裡，放慢心跳頻率）。

▼

剛開始，這套練習你也許只能堅持一下下，沒關係。多留意自己每次完成需要的時間以及哪些地方需要做調整，好讓練習的效果趨於最佳。

▼

只要你能感受到那些不良反應在漸漸消退，就說明你狀態很好，不用擔心。你可能偶爾還會覺得頭腦混亂，無法集中精神思考，記不住事，沒關係，這都是暫時的。

▼

如果你有一個能隨時求助的朋友就更好了。這個人要是你信任的人，能幫助你撐過恐懼來襲的時刻，能在電話或網路另一端給你指引和寬慰，甚至可以陪你一起練習呼吸。

▼

喝杯水，給自己補充水分。

▼

如果你願意，也可以告訴你信賴的朋友、家人或同事，以獲得支持。

▼

最後──為自己鼓掌！你做得很棒，經歷了這一切，如
今還能將經過娓娓道來，你已經成功地戰勝恐慌發作。

關於恐慌發作，有許多相互矛盾的事實、數據和統計結果。大眾普遍認為，每四個人中就有一個人，在生命中的某個階段會出現心理健康問題，其中恐慌發作出現的機率非常高。一些專家認為我們每個人或早或晚都會經歷恐慌發作，也有人認為每十個人中就有一個經歷過。

好吧，不管調查結果和報告是怎麼說的，我們可以假設，任何人在生命中的任何階段都會因為任何理由而經歷恐慌發作，甚至不需要有理由——這才是問題的關鍵。焦慮並不會「歧視」任何人，不論你的種族、宗教、性別或教育背景是什麼。遭遇心理問題及其涉及的一切方面問題都是「正常的」。

如果我們想要消除關於焦慮等心理問題的污名和刻板印象，首先就要以更加輕鬆和易於理解的方式來談論它。畢竟這沒有什麼值得羞愧的，打從出生起我們就內建與恐慌發作原理相同的「系統程序」。

學會理解你身上正在發生些什麼，生活中的哪些層面可能會從「後退一步」中受益，盡量減輕生活中的精神壓力（具體內容見第八章），重新整理和探索生活，幫助自己清楚明白恐慌發作為什麼會發生，最終消除那些壓力觸發源。祝賀你，有了這些克服焦慮的技巧，你就會成為恐慌發作的強大對手。

小練習

暫停一下

　　若能找到一個安靜舒適的地方是最理想的,但即使在繁忙的辦公室也可以進行(我自己就常常這樣)。你需要無視周遭的嘈雜,讓你的思緒與外界「斷開」幾分鐘。

找一個讓自己感到舒適的姿勢，你可以盤腿坐在地上、縮在沙發上、坐在廁所裡或躺在你的辦公桌上，只要能讓你感到舒適都可以。

▼

把注意力放在自己身上（你可以戴上耳機，減少干擾），並開始專注於緩慢而深沉的呼吸，讓身體的緊張感隨著每一次吸吐，從你體內流走。

▼

慢慢吸氣持續七秒鐘，感受腹部膨脹；慢慢吐氣十一秒鐘，感受腹部裡的空氣逐漸擠出。

▼

在每一次吸吐時，想像「抓緊」與「鬆開」的感覺，例如你可以想像收緊皮帶，然後鬆開，藉此幫助身體釋放緊張感。

▼

你做得很好，繼續保持良好控制呼吸的狀態，同時閉著眼睛，回想過去那些曾讓你感到平靜的時刻。如果想不起來也沒關係，那就想像一下平靜下來，會是什麼樣。

▼

在回想「平靜時刻」或想像「平靜」的過程中，運用你的感官感受這個過程。你看見了什麼？聽到什麼？你能聞到或嚐到任何東西嗎？

▼

讓這個讓你感覺到「平靜」的場景更加鮮活美好，讓它
更加悦耳、更加明亮、更加美味。

▼

當你完全沉浸在這個美好平靜的時刻時，請雙手握緊拳
頭，用力擠壓幾秒鐘，增加你的感受。

▼

現在，讓自己回到當下。現在你覺得怎樣？如果你覺得
冷靜多了，那很好；如果沒有，那就再試一次，重複相
同的步驟。

▼

多練習幾次，效果就會越來越好。

瑞塔博士說……
恐慌發作

挑戰自己的想法

　　如果你和安娜一樣，曾經被診斷為「恐慌症」或是「恐慌發作」，想必你當時的感覺一定很糟。我建議你在解決恐慌發作之前，先去看看家庭醫生，排除掉一些醫療問題或身體疾病。

　　恐慌發作是可以治好的。憑藉著正確的資訊和必要的支持，再通過一系列認知行為治療或類似的治療手段，就可以治癒。

　　當你處在焦慮或者恐慌發作期間，挑戰自己的想法會非常有用。讓我們假設你可以抹掉類似「心臟跳得好快，我都無法呼吸了，我有心臟病」的想法，替換成「這是焦慮症，我可以忍受的，過一陣子就好了」，情況會有哪些不同？

　　安娜關於「如何趕走恐慌發作」的練習充滿了實用操作性，幾乎可以滿足任何人在不同情形下的需要。

應對恐慌發作的小建議

建議 1——

恐慌發作期間，清楚地思考幾乎是不可能的，你也很難記起平靜狀態下打算做的事情。

你可以寫下最適合自己的策略，並隨身攜帶，可以記在手機備忘錄裡，也可以寫在小紙條上放進包包裡。

我有幾位個案設計了一種信用卡大小的紙條，上面寫著最有用的策略和精神喊話，如「我經歷過這些，沒發生什麼糟糕的情況」「保持平穩的呼吸」或「我可以接受這種情況，一切都會過去的」。下一次當你感到驚恐時，或許就可以躲進廁所隔間，找出你的小紙條，讓它們幫助你逃離恐慌。

建議 2——

將自己主動暴露在恐懼的情況之中，將不同恐懼程度的情況列一張清單，從程度最輕的情況開始嘗試，讓自己慢慢不要那麼敏感，要習慣於驚恐帶給你的可怕感覺。當你處在驚恐中時（記住安娜在前文中給出的呼吸方法），不妨嘗試與恐懼共處，直到焦慮消退。

建議 3——

使用轉移注意力的方法，讓自己的焦點集中在周圍的事物上，而不是只想著自己、自己的感覺多麼可怕，試著做一做安娜介紹的「如何趕走恐慌發作」的小練習。

CHAPTER

3

社交焦慮

「現在就讓我離開這裡」

讓我離開這裡！

安娜的緊急修復法
• • •

訂定一個退場計畫　沒有什麼比困在某種環境裡的感覺更讓人焦慮了。鎮定下來，告訴自己在任何時候都可以離開，這完全由自己決定。

關心其他人　將注意力轉移到其他人身上，是緩解焦慮和不自在的有效方法。與別人聊聊，問幾個問題，融入環境中，你會感到越來越自在。

去扮演，去感覺！　就當自己是世界上最好的演員，選擇一個自信放鬆的角色，一旦你開始扮演了，就會真正投入角色。

社交焦慮

近年來，「社交焦慮」（social anxiety）一詞開始流行。我想對於大部分人而言，剛進入某個社交場合或活動現場時，都會感到尷尬、沒有安全感。讓我們來想像一下這樣的場合——可能是婚禮現場，可能是工作會議上，也可能是生日派對，或是下班後的部門聚餐，周圍的環境需要我們衣著得體、舉止優雅、談吐睿智，這都會帶來緊張感，即便是對於交際高手來說都不容易。

相信我，我非常瞭解這種感覺。就因為在電視台工作，很多人都誤以為我充滿自信，但實際上我從小就是一個極度容易害羞的人。

我最深刻的回憶之一就是陪母親去買肉時，任何跟我搭話的人都讓我感到害怕，於是我只好躲在母親身後。有一次，友好的屠夫從櫃台裡側出身來，大聲地喊了句 ：「你好呀，親愛的，你在躲什麼呢？」我知道他是個非常親切的小伙子，可我能做到的回應只有滿臉的恐懼，還有立刻湧出的淚水。

即使是我的堂兄妹來我家玩時，我都會躲著他們好幾個小時。上小學後，我也非常害怕和其他小朋友待在一起，以至於課間休息時我不敢出去玩耍，而是獨自待在學校的圖書館，直到一個叫蘿倫的小女孩在老師的鼓勵下向我表達了善意，並和我交朋友，我才從封閉中走了出來，逐漸建立起自信，最重要的是同學

們對我也有了信心，僅僅用了一兩年的時間，我就成為學校的風雲人物。

雖然現在的我比以前自信了許多，但依然會感到內心熟悉的焦慮感想要打破我外表的鎮定。作為節目主持人，我常常會盯著紅毯上的娛樂明星，內心無比緊張但尷尬，不知該如何應酬，儘管這種感覺很快就消失了。我會有一些諸如此類的擔心：「那裡站著的是誰？」「萬一我的票丟了怎麼辦？」「如果沒有人願意跟我說話呢？」「如果攝影師要我拍照呢？」……無窮無盡的煩惱與恐懼在我腦海中迴盪，就像是在紅利時間的彈珠台。

在家庭聚會或工作派對上，人們總會期望你按照一定的方式參與，比如你的形象、衣著、站姿、儀態如何，要說些什麼、問些什麼……這些社交中的細節多到數不清，我不相信有誰能在任何時候都應對自如。

社交焦慮是什麼？

那麼，社交焦慮究竟是什麼呢？為什麼會有這麼多人飽受其困擾？越來越多的人表示在社交場合會有焦慮感，說明這已經成為一種普遍情緒，並非只有個別人會這樣。我相信，很多人都會覺得自己是人群中與眾不同的那一個，下次再置身於人群中，不妨提醒自己：大家都聚焦於自己的事，並沒有對你格外注目。

社交焦慮是一種特殊的焦慮，是當一個人處於有可能被他人評估的社交場合時，產生的恐懼等不適情緒。社交焦慮的典型特

徵是在「別人會如何看待自己」這件事上過分緊張（尤其害怕遭遇尷尬、羞辱、批評或拒絕），受困於社交焦慮的人們會害怕自己在別人眼中不夠好，甚至假設別人會拒絕、評判自己。他們的想法往往過於偏執，對情況的思考和判斷也比較負面。

至於產生社交焦慮的頻率以及具體哪些情景會觸發社交焦慮，不同的人之間有很大的區別。每個人都是與眾不同的，沒有什麼通用的法則。不過，也有一些常見的症狀和情形你或許經歷過，至少曾經深有同感。

最常見的社交焦慮觸發條件

有很多情況都會讓我們比《綠野仙蹤》（*The Wizard of Oz*）裡那隻膽小的獅子還容易膽怯。小時候，幼兒園就是我焦慮的源頭。記得在第一天上幼兒園的時候要和媽媽道別，可我完全不想和一群陌生的孩子玩耍，和媽媽待在一起就非常開心了。幸運的是，我很快就適應了新環境，我媽媽也擺脫了「自己是世界上最糟糕的母親」這一感覺。但如果時光倒流的話，我相信四歲的自己依然會排斥從舒適區走出來。

當然，這在日常生活中也是不可行的。如果我們不外出，不去社交互動，溝通能力就會嚴重受損。與不同的人交流互動有助於我們自身的發展，交流得越頻繁，我們就越習慣於這種交流。

雖然小時候我不願意離開舒適圈，但幸運的是在成長期間，我認識到了社交的好處，溝通技能也漸漸有所提升。這其中沒有

什麼高深的學問，相信自己，面帶微笑，昂首挺胸，大膽嘗試就好了。當然做起來不像說起來那麼容易，但你還是可以借助一些小技巧來應對社交場合出現的各種問題。

最容易觸發社交焦慮的場合有：

- 家庭聚會
- 工作派對和活動
- 婚禮和受洗儀式
- 朋友聚會
- 自己去酒吧或俱樂部
- 在餐聽吃飯
- 簡報或演講
- 個別的慶祝活動，如慶祝生日、慶祝考試通過等

我相信你還能加更多你自己的狀況到這個列表上，不過這些導致人們焦慮的事情中有一個共同點，那就是「未知」。不知道接下來會發生什麼，不知道誰會出現在那裡，不確定某件事的結果會是什麼，這些都是觸發社交焦慮的導火線。對於還沒發生的事情，誰能不緊張呢？畢竟生活充滿了變數，我們只能用更多的技能來武裝自己，讓自己更加有條不紊，全力前行。

小練習

如何對社交活動做出權衡

　　在進入社交場合之前，先盡可能掌握周遭的情況，多瞭解一些關於你所要參加的活動資訊。如果時間充足的話，在決定是否參加活動之前，先問自己這幾個問題，留意自己是如何回答的：

- 如果我參加了活動，會發生什麼？
- 如果我不參加活動，會發生什麼？
- 如果我參加了活動，不會發生什麼？
- 如果我沒參加活動，不會發生什麼？

　　這一系列問題可以幫你看清內心對將要經歷的事情有怎樣的感覺，進而權衡利弊，做出選擇。

　　寫下問題的答案，這樣你就能更清晰地理解自己要做什麼，以及為什麼要這樣做。

社交焦慮的症狀

　　焦慮通常伴隨著一些令人不快、尷尬的症狀，社交焦慮的症狀表現尤為明顯。

　　盜汗、頻繁上廁所、胃脹、臉色潮紅、肌肉緊繃……這些都是極度緊張的表現。留意一下自己在典型的社交場合中會有什麼反應，或許這些症狀你都有，也或許你會有自己獨有的症狀。

　　最近我獨自去倫敦參加了一個工作聚會。我經常參加這類活動，但我並不喜歡這種場合，尤其在不知道會遇見誰或會發生什麼的時候。不過為了工作，無論我是否打算發展人脈，我都必須得出席這些活動，見見其他人。

　　這次的活動也是那種一貫的勢利小圈子聚會，場地奢華，供應魚子醬和香檳，門口還有拿著名冊確認到場嘉賓的侍者。在多年的社交活動中，我已經非常熟悉這些場面，我大搖大擺地走進宴會廳，準備好了迎接面前的一切。可當我一看到會場那群伸長脖子、一臉好奇的賓客，先前的自信立刻煙消雲散，大家都在等著看下一個入場的會是誰。我驚訝地發現自己冷靜自信的外表猛然被焦慮和不安的感覺擊碎，身體語言也變得畏畏縮縮，心跳加速，口乾舌燥。我慌忙拿起一杯香檳，好讓自己顯得有事可做（我也需要一點酒精壯膽）……我尷尬地站在房間的角落裡，拿起了我的「精神寄託」——手機，讓自己看起來正忙著別的事務，而不是個沒有同伴的可憐人，我感覺自己很蠢，在別人看來也一定是這樣的。

我假裝在忙著回覆某個重要的工作信件，實際上卻在刷著美國娛樂名人金‧卡戴珊（Kim Kardashian）的最新消息。我竭力研究她的穿衣風格，但五分鐘後，我認輸了，抓起大衣從會場落荒而逃。那天，社交焦慮還是打敗了我。

我對自己非常失望——為什麼我會被當時的環境完全支配？到底是什麼讓我感到如此焦慮和不安？我本來可以做些什麼來面對和克服恐懼？追根究柢，我事先沒有做好充足的準備，才在眾人的審視和評論之下無力招架，被恐懼和焦慮牢牢控制。稍後我要講到的練習對我來說效果很不錯，也是我在指導中最常用到的，當你面對類似的情形時，可以拿來一試。

小練習

訂定計畫，實施計畫

　　訂定計畫可以説對我們所做的每一件事都非常重要。計畫列表能夠隨時提醒我們將要發生什麼、我們想要做什麼以及如何做到，也能降低意外情況發生的可能性，讓你始終保持著對事情的掌控，這對於抑制社交焦慮非常重要。

　　取一張空白紙，或打開手機裡的記事本功能——只要是可書寫的媒介都可以。你要認真寫下你的答案，這很重要，這樣你才能對自己的選擇負責。對每一個字母下的幾個問題給出內心真實的答案，建立你自己的「ＧＲＯＷ」模型。

G代表目標
- 你參加社交活動有什麼目的？
- 你想待在哪裡，想要有什麼樣的感覺？
- 用積極的表達寫下你的目標，比如 ：「我要享受這次活動，並且為自己感到驕傲。」

R代表現實
- 換個角度看看，你面對的實際情況是怎樣的？

- 寫下所有你可能會有的恐懼和猶疑，盡量坦誠，實話實說。
- 對剛才列的目標感覺如何？

O代表選擇
- 盡情想像，寫下你在社交場合中想做的事情。
- 你有什麼優勢能夠幫助自己達成目標？
- 你有什麼資源、人脈、做過哪些事可以對這次活動產生幫助？
- 還能想出什麼別的方法幫你達成目標？

W代表意願（動機）
- 為自己加油打氣的時候到了，要意識到你有多麼強大。
- 你有多麼想要實現這個目標？
- 這對你意味著什麼？
- 一但目標真的實現，它能帶給你什麼？
- 你會從中獲得多少成果？

在每次參加社交活動前，認真回答一下這些問題。建立起自己的「GROW」模型，它可以讓你頭腦更清晰，內心更強大，更能集中精神，度過難關。

最糟糕的情形會是什麼？

經常在腦海裡問自己這個問題，可以幫助你認清形勢，減輕失控感。我經常碰到一些驚慌失措的個案，淚眼汪汪地描述自己的種種症狀。然而當把他的社交焦慮攤開來分析時，卻驚訝地發現實際上並不會有什麼能讓他如此焦慮的事發生。我們想像中的情況總是比實際發生的誇張得多，而我們的勇氣和自信卻很少。

因此，解決這個問題的關鍵就是「尋找證據」。我喜歡用證據來說話，這是我們認清某一事物的有力工具。當個案因為社交焦慮來找我諮商時，我會先讓他們好好想想有哪些確鑿證據表明他們的焦慮是有理由的。你也許已經猜到了，大部分人都沒有明確的理由，不明白自己到底在擔心些什麼。有這種疑惑是好的，這意味著我們對自己的本能反應產生了懷疑。

我的一位個案一度對充滿陌生人的社交場合感到恐懼。每當在工作會議或酒會上與別人互動時，他都會緊張得滿臉通紅。過盛的自我意識更加劇了他的尷尬，他覺得自己的生活都要被毀滅了。在這種恐懼中，他越來越不願意外出，不願意參加活動，寧願獨自躲到沒有人注意的角落裡。

當我們通過自我探索練習追溯他的社交經歷，尋找恐懼來源時，他才發現自己其實只在公眾場合中臉紅過一次，而且當時並沒有人嘲笑他，甚至沒有人注意到這一點。他自己的感覺如此強

烈，讓他對別人怎麼看待自己造成了誤判，進而又影響了自己的真實感覺。

當他將恐懼感、焦慮感細細梳理一番後就發現，實際上他從未因臉紅而被嘲笑或被品頭論足。弄清楚這些後，他的恐懼一下子就消失了。當他再次參加社交活動時，猜猜結果如何？他再也沒有臉紅過。從那時到現在已經三年了，雖然有時他還是會感到尷尬，但正如我們分析的那樣，尷尬並不能說明什麼，是完全正常的反應。因為極度害怕臉紅而引起的社交焦慮已經完全消失了，無論何時何地、與誰在一起，他都已經可以應對自如。

從他的例子中，我們可以學到什麼呢？我們有時對自己太過苛刻，讓自己被這種「對恐懼的恐懼」完全掌控。對現實情況和由此產生的情緒保持客觀且正面的判斷，我們就不會被一些負面的瑣事困擾，更不會由此產生社交焦慮，造成更嚴重的影響。

小練習

扮演社交高手

　　即使對最害羞的人來說，這也是一個很有趣的練習，可以充分發掘你內在的「演技」。要領就是「假裝他，感覺他，成為他」。

　　找一個你欽佩的人，想想他在社交場合中是如何行事的。他可以是某個你認識的人，也可以是大家都很喜愛的明星。

　　花些時間思考一下，並且將他形象化。注意他行為的所有層面，包括他的身體語言，運用你自己所有的感官去理解──他聽起來、看起來、感覺起來是怎樣的。看看他發布在社交媒體上的影片和圖文訊息也會幫助你強化視覺印象。

▼

　　從這個人身上借鑑那些你特別欣賞的特質，尤其是在社交方面上的。

▼

　　想像一下他在社交場合中會如何思考，如何準備充足。

▼

演出時間到！利用從他身上借鑑來的技巧，出席社交活動時，就讓自己「扮演」那個人。

▼

不斷練習、調整這些學來的技能，也可以在模仿中融合多個人的特質，總之要讓自己更加強大和自信。

▼

經過一段時間，當通過這個嘗試與檢驗的方式建立了自信時，你就可以更加容易地去社交了。當你熟練地掌握各種社交技巧後，就可以讓那些借來的特質逐漸減退。

表揚一下自己，從心底感謝你的模仿對象，你們做得很棒！

其他有用的小建議

從我的經驗來看，把自己將要面臨的情形事先在腦子裡演練一遍，對緩解社交焦慮是有一點幫助的，但要記住不要思慮過多，否則會達到反效果。事先掌握盡可能多的相關資訊並做好準備，可以幫助我們化解最後一刻侵襲而來的焦慮感。

提前準備幾段可以說的話、可以問的問題和關於自己的一些趣事，將這些內容儲存在你的「話題資料庫」裡，需要的時候可以立刻拿出來活躍氣氛。我們都有過這樣的經歷吧？與某個重要人物交談時突然當機，無法繼續這個話題或開始新話題。有了話題資料庫後，我們就可以避免傻站著乾瞪眼無話可說的尷尬場面了。社交焦慮最常見的表現之一就是口乾舌燥，大腦一片空白，這種窘迫又會進一步加強焦慮。

你可以準備三個萬能的聊天開場白，儲存在大腦中作為聊天的「安全保障」，準備隨時脫口而出。注意不要提只需要簡單回答「是」或「否」的封閉式問題，別把話題聊死了。這裡列了一些需要對方詳細回答的問題，也就是開放式問題，希望可以為你提供思路：

- 今天／旅行／家人**怎麼樣？**
- 對天氣／工作／政治／新聞……**你怎麼看？**
- 關於某項目／剛才提到的某件事……**可以再多說點嗎？**
- 關於工作目標／工作與生活的平衡／婚禮預算控制……**你是怎麼做到的？**

這些問題雖然很簡短，但互動對象卻很難只給出簡短的回應，這樣就可以避免無話可聊的尷尬，緩解可能會出現的焦慮，也能展開更多的對話，讓你能夠享受其中。

逃離計畫

希望閱讀完本章後，你對如何應對社交焦慮已經有了更深的瞭解和一些積極的想法。但如果你已經嘗試了所有的建議和技巧，依然無法擺脫社交焦慮，還是會擔心做不好，這時就可以嘗試一下逃離計畫了！

雖然最理想的情況是按照我們剛剛所說的方法來應對緊張和焦慮，但是如果真的覺得要做的事情太多，即使有「馬上逃離」的情緒也不必內疚，我自己也時不時地用這個方法，這樣做是完全可以的，只要我們想出去，也出得去，就完全沒必要留在原地忍受折磨。

在會議室或擁擠的酒吧裡，留意門和緊急出口的位置，提前計劃好你想要站在或者坐在哪裡，以便在想走的時候，能夠快速接近出口並離開。

你也可以用盡可能讓自己舒服的方式，坦誠地告訴在場者你此時的感受。通常，在演講或與陌生人談話前，這麼說能夠有事先聲明和緩和情緒（主要是你的情緒）的作用，比如說：「我感到非常緊張，請大家多多包涵。」或者告訴同伴自己稍微有點焦慮，你會發現大部分人都很有同情心的。記住我在這一章開頭說

的話，許多人都有過社交焦慮，因此他們完全懂你的感受，也會對你的處境表示寬容和理解。

把這些計畫付諸行動，大部分的焦慮情緒通常就會一掃而空了，你很有可能會發現自己再也用不著逃離計畫——知道有這個計畫存在就足以讓你感到欣慰和安全。

希望你能愉快地運用這些方法和技巧，享受它們帶來的力量感，你會發現自己並不孤單。

進 步 花 園

瑞塔博士說……

社交焦慮

要記住，你的想法並不等於事實

　　正如安娜所說，社交焦慮是非常普遍的情緒。許多人深受其擾，對自己抱有消極的看法，覺得自己在社交場合什麼事都做不好。人們大多知道自己的恐懼是不理智的，但下一次還是會恐懼。要記住，你的想法並不等於事實。猜想自己在各種情境下會怎麼做沒有什麼好處。還不如想想看，當你再遇到令自己恐懼的情景時，能用什麼更有用、更實際的話來安慰自己，比如「我不需要做到完美，讓人人都喜歡我」「感到焦慮是正常的，所有人都會焦慮」。沒有什麼好方法能瞬間治癒社交焦慮，但安娜提供的小練習可以幫助你平復焦慮情緒。

　　你在社交場合中最恐懼的是什麼？對我的個案來說，常常是怕周圍的人不喜歡自己，覺得自己愚蠢或無聊，或者怕別人注意到自己在臉紅、出汗、發抖之類的。當你在某種社交場合中感到焦慮的時候，你會變得過於在意自己，開始自我檢查，把過度的注意力放到「危險的信號」上。

人們常常會採取某些「安全行為」，這麼做雖然能給自己帶來短暫的放鬆，卻也能讓自己陷入更加窘迫的境地，甚至破壞掉別人對自己的好感。在安娜描述的情形裡，她拿起了手機，這就是一種典型的「安全行為」，大部分人都可能這麼做。這種安全行為雖然在當時能起到減輕焦慮的作用，但是長此以往，即便在並沒有實質性威脅的情況下，焦慮也會一直存在。

其他比較常見的安全行為有：說話語速變快，躲避別人的注意力，假裝沒有看到某人，或用大笑來掩飾緊張等。

應對社交焦慮的小建議

建議 1——

盡量少用「安全行為」，這會影響你從引發焦慮的社交場景中吸取經驗。我建議你多採用「暴露自己」的方法，換句話說——面對你的恐懼。儘管焦慮情緒會一直提醒你「周圍很危險，要小心」，但為了克服社交焦慮，我希望你能挑戰一下自己，做出和以往不同的應對方式。如果你以前總是當透明人，那就來吸引大家的注意力！如果你總是假裝沒看到某人，那就去接近他，問問他最近怎麼樣。做出與你通常行為相反的事情，會讓你的身體知道其實沒什麼可怕的，讓大腦知道你擁有應對的技能。

建議 2 ——

多以積極且實際的話語為自己鼓舞士氣，如前文提到的「我不需要做到完美，讓人人都喜歡我」「感到焦慮是正常的，所有人都會焦慮」。

建議 3 ——

想一想在社交場合裡「正常行為」的範疇。回想一下之前某個社交場合中，有多少人的行為方式是「可以接受」或「正常的」？下一次再參加社交聚會的時候，觀察周圍的人，你很可能會發現，其實很多人都會表現出潛在的焦慮情緒。焦慮和幸福、悲傷、憤怒一樣，都是一種正常的情緒。如果你在社交場合中表現出焦慮，甚至會有一些積極影響，比如看起來更容易接近，或有人覺得你很謙虛，因此顯得更有魅力。

CHAPTER

4

失眠

「就是睡不著」

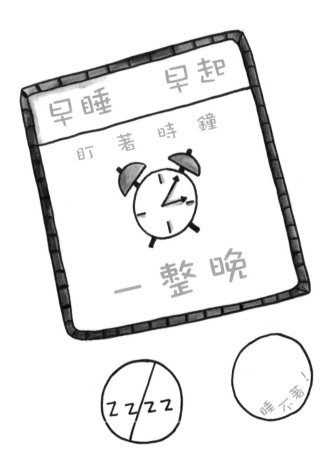

安娜的緊急修復法

• • •

睡前減壓　帶著白天所有的負擔和壓力上床睡覺，很難產生睡意。想辦法將精神壓力釋放紓解後再準備入睡。

睡不著就起來　不要躺在床上盯著天花板、看著時鐘一整夜。安靜地起身，來一杯花草茶，找一本能讓你平靜的書，閱讀某個章節來激發睡意。

找人聊聊　找一位你信任的、可以在深夜裡打電話的人，和他聊聊天，提醒自己並不孤獨。

睡覺時間到！

在我處在重度焦慮的那段日子，睡覺時間對於我而言是一天中最可怕的時段之一。我曾經很害怕睡眠，從睡醒的那一刻起就開始害怕下一次睡眠——我說的「醒」就像是從黑夜裡駛出一輛橫衝直撞的雲霄飛車。我害怕下一個夜晚的到來，就像是害怕世界末日前的倒數計時。

當一個人的情緒和心理都處於高度壓力下時，睡眠就不像在公園裡散步那般輕鬆了。大腦裡充斥著白天發生的事，以及還未解決的問題，同時還有對第二天的憂慮，就像是一部顯示「記憶體已滿」的智慧手機。當人處在這種狀態中時，最不容易做到的事情就是睡眠了，不是嗎？

花點時間回顧一下自己的睡眠經歷。你還記得自己呼呼大睡的時候嗎（回想一下經典美劇《六人行》裡喬伊和錢德打盹的樣子）？或不受打擾、一夜酣眠的時候？醒來發現自己的睡姿和八小時前一模一樣，感覺就像在天堂！沒有什麼比睡上一整晚好覺更美妙、更提神的事情了。高品質的睡眠簡直是老天的饋贈。

再反過來想想那些糟糕的睡眠體驗。你可能和我一樣，睡不著就盯著時鐘看，可能總是被噩夢驚醒，或者半夜多次起來上廁所。這些現象都說明你急需提升睡眠品質，並且需要得到更多的照顧和關懷。

睡眠為什麼如此重要？因為當我們缺乏高品質的睡眠時，身體和心理健康會受損，相關的問題就會接踵而來，比如憂鬱症、強迫症、飲食問題以及焦慮症等。

睡眠是我最難以處理的問題

分享自己的經歷無疑是最艱難和痛苦的，因為這對我來說是情緒的完全暴露。但正如我在書中一再說明的那樣，我會盡力做到對大家坦誠和公開，這也是本書的意義所在——讓讀者對焦慮症患者的感覺有更清晰的認識，從而意識到我們任何人、在任何時候都可能經歷不同的心理問題，這之間有著各種各樣的聯繫。

在我與焦慮症和恐慌發作對抗期間，失眠和睡眠不足是我最主要也最難以處理的問題。當一個人很難或完全無法入睡的時候，焦慮、恐慌、憂鬱等問題會變得更加嚴重。有一種虐待俘虜的手段就是剝奪他們的睡眠，強制保持清醒好幾天，這樣真的可以讓人發瘋，把人完全變成另一副樣子，毫不誇張。

幸運的是，我們面臨的情況還沒有那麼嚴重，雖然每一個被失眠困擾的人都會承認這是一種折磨。這種折磨是我們自己加在自己身上的，但它常常會不由我們控制，把情況搞得一團亂。

我的焦慮症和恐慌發作已經持續了好幾個月。我的感情生活

一團糟，我在工作場合必須假裝一切正常，再加上和朋友、家人之間的關係，我的大腦裡彷彿有一個滴答作響、填滿焦慮和憂鬱的定時炸彈。我花了許多時間和精力來照顧和服務身邊的人，而留給自己的卻很少。

我自身的問題已經很嚴重了，可那時我卻根本沒意識到這一點。我只知道自己感覺很糟糕，每天的狀態都不好，剛開始還能勉強應付，但不知不覺已經到了崩潰的邊緣。如果我的腦子是卡通裡綁在鐵軌上的炸藥，那麼它一定已經被點燃導火線，很快就要爆炸了！

那麼，我的睡眠情況是怎樣惡化的？它為什麼會和焦慮症有著如此大的關聯？在連續幾個月每天都承受恐懼的折磨後，我好好回顧了我自己的生活。我已經為了一檔新的電視節目連續工作了好幾個月，這是一份艱難的差事，需要經常去倫敦出差，同時還要兼顧 Toonattik 節目的錄製。這樣的工作安排都是我倉促間做出的決定，現在回頭看，當時我應該要更好地調整自己時間的安排。

那陣子我大部分時間都待在飯店裡，那個與我不斷分分合合（最終還是以分手告終）的男朋友有時會來看看我。戀情帶給我的不安、面對新工作的緊繃狀態以及奔波在兩份工作間的勞累不堪，已經對我產生了嚴重的影響。那時我的焦慮、失眠症狀已經很明顯了，但是我之前並沒有什麼經驗，無法做出更為明智的決定，我不知道這些症狀意味著什麼，更別提及時採取措施了。

我向來以容易入睡而自豪，覺得自己天生有「不管在哪裡都能入睡」的超能力。小時候，我在碎石鋪成的火車軌道裡都能睡著，後來也能做到在汽車的後座裡隨便睡個小覺。在此之前，我不知道什麼是睡眠障礙，但很快我就開始覺察到，不怎麼完美的睡眠對人會有什麼樣的影響。

　　我的入睡時間越來越晚。這是一個逐步變化的過程，我沒有注意到失眠是什麼時候開始纏上我的，從某一天起，它突然就成了一個嚴重問題，也成了我焦慮和恐慌發作的起火點。

　　在經常出差的那段日子裡，有一天晚上，我想好好睡一覺，期待能精神飽滿地應對第二天的工作，那天我當時的男朋友也打算陪我一起過夜。正如我前文提到的，我當時的工作千頭萬緒，有很多事情要處理，整個人的狀態都很緊繃。那天晚上，我早早上床，孤獨而迫切地渴望獲得平靜和安寧。

　　當我剛剛有了一點朦朧的睡意時，另一個房間突然傳來了巨大的關門聲，我嚇得直接從床上坐了起來，這個簡單的動作徹底摧毀了我緊張的神經，就像是引燃了炸彈的導火線，發出了吱吱聲。我完全驚醒過來，進入了「戰鬥還是逃跑」的模式——這正是恐慌發作的源頭，恐慌的火花穿過我整個身體。我不知道當時自己究竟經歷了什麼，但是感覺非常可怕，彷彿自己就要死了，我完全驚呆了。我獨自一人，迫切渴望有人能來給我安慰。

　　茫然、害怕、不知道自己哪裡出了問題……我慌慌張張地跑

出了酒店房間，鑽進自己的車裡，像隻受驚的兔子一樣蜷縮在座位上，不知道接下來該怎麼辦。當時是凌晨兩點，我還穿著睡衣，外面下著雪，還是在一個不知道名字的鎮上！不知道怎麼地，我又走回了旅館，回到房間裡，驚恐和害怕漸漸退去，我像個嬰兒一樣蜷縮在沙發裡。這時候我男朋友回來了，他對我的異常絲毫沒有察覺，很快在一旁的床上發出了鼾聲。

也正是在那一刻，我意識到自己需要安全感和安慰。我需要有人用友善、熟悉的話語來告訴我其實我沒事，也不會一個人死去……於是我撥通了媽媽的電話。

我當時並不知道，打電話給親愛的媽媽以尋求安慰這樣一個簡單的舉動，卻為我找到了在之後幾個月裡可以依賴的精神支柱。坦白說，現在我偶爾還會這樣做，只是不會像之前那麼失態狼狽了。

我敢肯定我媽媽當時非常擔憂，但在電話裡，她並沒有讓任何情緒展露出來。她只是平靜地和我說話，幫我克服恐慌發作帶來的巨大衝擊力。在聽了我的經歷之後，她很快就明白我到底怎麼了，還好她明白了，因為我自己完全不懂。

恐慌發作發展至極限後，終於在黎明時分逐漸消退，我也終於在沙發上沉沉地睡去。當時我還不知道，這僅僅是個開始，之後的幾個月裡，這場噩夢始終在循環往復。每天上床睡覺之前我都會經歷恐怖無依的恐慌發作，然後更加害怕下一輪的恐慌再次

發作。對恐慌發作本身的恐懼又滋生出更多的恐懼，混亂就是這樣產生的。

現在，我會花許多時間幫我的個案找出他們某些行為和症狀的觸發原因，通常總能找到某個特定原因。由於我自己有過類似經歷，也就更容易產生同理心，更容易明白該怎麼做、從哪裡入手。這曾經也是我自己的治療過程中非常重要的一部分，我從未倒退到之前的狀態過。

回到剛才我恐慌發作的故事裡。在陌生的酒店，遠離我安全、熟悉的家，這觸發了包括睡眠恐懼症在內的一系列無益的行為，完全打亂了我的日常生活。我開始執著於到某個固定的時間點就上床睡覺，計算自己能夠睡幾個小時。每晚六點左右，隨著計畫入睡時間的臨近，就會有焦慮的感覺從我的胸腔裡湧上來，隨著時間一分一秒過去，這種感覺會變得越來越強烈。

到了差不多該睡覺的時候（因為某種原因我規定為晚上九點，好讓自己能擁有充足的睡眠），我會變得心煩意亂、充滿壓力和焦慮，我那可憐的大腦和身體唯一能做的事情，就是去睡覺。我為第二天的節目準備了大量台詞，所以我的大腦裡滿是台詞和舞台上的指令，完全無法放鬆，卻又更需要呼呼大睡來為自己充電。

我獨自爬上床（那時我已下定決心要回歸單身了），關了燈，等待著……啊！果然那種熟悉的感覺又來了。它從我的肚子

下面緩慢爬上來，像一股巨浪衝向我的胸膛和心臟，它的力量如此凶猛，就像一根燒紅的鐵棒灼燒著我的身體。我恐懼地躺在黑暗裡，接下來做了什麼呢⋯⋯是的，打電話給媽媽，她溫柔的聲音至少能讓我放鬆下來。

打電話的方法奏效了，它讓我不再那麼孤單，但我也徹底沒了睡意，無法平靜地入睡了。我會輾轉反側好幾個小時，一小時一小時地數著時間，直到精疲力竭了，才能睡著。

我開始嘗試能安眠的中草藥，甚至嘗試過睡眠鎮靜劑——我太渴望睡眠了，但這些都沒什麼用處，只會讓我第二天更加昏昏沉沉，精疲力竭。

在被焦慮、恐慌發作和睡眠障礙折磨了好一陣子以後，我已經瀕臨崩潰的邊緣了。現在，當我看到個案明顯處於巨大的壓力之下時，我總是會從兩個方面著手檢查他們的睡眠狀況：是否能入睡，以及睡眠品質如何。這很關鍵，在我的經驗裡，控制好上床時間和睡眠品質可以幫你建立一種掌控感，讓你不再焦慮。

想要一夜好眠，首先我們要做好準備。

我很累，
我該睡覺了

睡不著，
我應該擔心

我做到了！

好睡眠 vs 壞睡眠

你一定聽過有人說自己「睡得很好」，也一定聽過有人抱怨「哎，昨晚睡得糟糕地不得了」。就像評論天氣一樣，評論睡眠狀況是人們常用的聊天話題之一，實際上，我們也真的能根據前一晚的睡眠狀況來衡量這一天過得怎麼樣。

睡眠究竟是什麼？當你探索這個問題時，會得到有趣的發現：睡眠的階段和品質的確與我們的感覺和行為表現相互影響。

睡眠可以分為不同的階段。簡而言之可以歸為兩個階段：非快速動眼期睡眠（non-rapid eye movement）和快速動眼期睡眠（rapid eye movement），這兩個階段同等重要。

非快速動眼期對修復部分身體機能的日常損耗，像是促進肌肉、大腦細胞和免疫系統的發展有重要的作用；快速動眼期則與我們身心每日需要的情感撫慰密切相關。

簡單地說，健康的睡眠模式就是早上醒來的時候感覺煥然一新，很放鬆，能夠精神抖擻地迎接這一天。一個睡眠週期通常包含約九十分鐘的非快速動眼期，緊接著就是一個階段的快速動眼期。隨著睡眠越深入，快速動眼期的時間會越來越長，而非快速動眼期會慢慢縮短。早上醒來前的睡眠類型往往是快速動眼期，這也就是為什麼我們總是能記得醒來前剛做過的夢。

那麼，為什麼睡眠能對焦慮產生影響？這種影響是如何產生的？當我們感到焦慮時，有難題或未解決的衝突在大腦裡盤旋時，具有重要修復功能的非快速動眼期在睡眠週期的早期階段就會縮短，快速動眼期則很快到來，於是一些白天沒有處理好的情緒，到了夜晚會在快速動眼期中進行重組，也就是說，我們在白天的擔心和壓力越多，第二天很可能就會有加倍的擔心和壓力，比如「我能準時參加會議嗎」「如果我這個月還不了貸款怎麼辦」「如果我明天太累了怎麼辦」……可想而知快速動眼期的負荷有多重。

正常比例的快速動眼期是非常好的，可以幫助我們修復情緒結構。然而，快速動眼期太多就會讓我們感到非常疲累，甚至醒來覺得比睡前還要累。如果你醒來發現入睡前的那些擔憂依然縈繞在腦海裡，還夾雜著整晚快速動眼期帶來的疲累，甚至半夜你會從紛繁嘈雜的夢中驚醒，那麼毫無疑問，那些焦慮和憂鬱的情緒會變得更加嚴重。

這種情況持續時間越長，低品質睡眠對你的負面影響就越大。如果你始終無法獲得優質的睡眠品質，長此以往，不斷增長的壓力與焦慮將會對你的身體和心理造成傷害。

我有一位個案，他每周都會經歷一次糟糕睡眠帶來的折磨。每周，工作上的緊張、憂慮和壓力都會到達極限，當「記憶銀行」被存滿，他便會做一整晚斷斷續續、無比生動、充滿焦慮的夢。我們對他的想法和日常行為模式做了分析研究，發現他的負

面情緒是逐日累積的，越積越多，當連續好多天都沒有傾訴的機會或排解的出口時，這種周而復始的糟糕睡眠模式就出現了。在為期數周的心理治療過程中，我向他介紹了幾種在本書中也提到的小技巧，來幫助他控制自己的想法、情緒和睡眠習慣，給他一些時間掌握特定的技巧來培養更為健康的睡眠模式。沒過多久，我就高興地發現，除了偶爾忘記使用技巧時情緒會出現一些異常波動以外（沒有人能做到事事完美），他終於又享受到了高品質的睡眠。

那麼，你該怎麼做呢？學會盡可能地清理和驅逐在白天被壓抑的感覺——不管是積極的還是消極的，以及被觸發的普通情緒，會讓你以一種平靜的姿態合上雙眼，準備進入睡眠。

小練習

「計畫－準備－平靜」三步法

　　讓自己在睡前進入一個良好的狀態,是盡可能獲得優質睡眠的關鍵。我們可以讓自己擁有更多的自我意識,做出一些主動調整,為好的睡眠創造最有利的條件:

> **計畫**——不要非要幫自己訂定睡前時間表,那樣只會帶給你巨大壓力,擊垮你想要平靜和放鬆的念頭。你可以考慮一下晚上準備做些什麼,要完成哪些工作和任務,要參加哪些社交活動,想想自己需要做哪些事,哪些事其實用不著去做,還有哪些事可以改天再做。

> 有了這樣一個粗略但實際的夜間計畫,你就會知道晚上沒有那麼多事情必須要做,反而你要在睡前留出一段平靜的時間,來幫助大腦和身體進入放鬆的睡眠階段。

> **準備**——在生活中,你在做許多事情之前都會做準備,好好睡一覺也是一件需要你做準備的事情,只要一點點準備就能使你獲益良多。

一旦你計畫好了自己要去做什麼，就會設想如何去做。如果你有工作要完成，想好你打算什麼時候交差，不要堆積到臨睡之前。

到了晚上就主動離線，讓別人聯繫不到你，尤其是在臨睡前。如有必要，就提前告訴那些可能會聯絡你的人，在某個時間點以後不管公事、私事都別再找你。管好自己，別去回覆深夜傳來的信件或私訊，這些都可以等到第二天早上再去做。讓自己的身體、精神都做好「停工」準備，讓大腦運轉放慢，放鬆，平靜。每個人都有休息的權利，所以，不用愧疚，這是你應該享受的。

平靜 —— 選擇一項能夠給你帶來平和感和安定感的活動。身體上安靜下來同樣可以幫助精神鬆弛下來。你的家裡也要盡可能地安靜。

燃起小蠟燭，泡個熱水澡，聽一首放鬆的音樂或一個輕鬆的電台節目、讀一本喜歡的小說……選做一些能夠讓你真正感到平靜的事情，從日常枯燥無味的工作中徹底抽離，完全沉浸在休閒時光中。

當你準備好了，覺得自己舒適且放鬆，最好還感到有些疲倦時，就可以躺到床上去。維持這種放鬆的感覺，直到逐漸進入睡眠狀態……晚安。

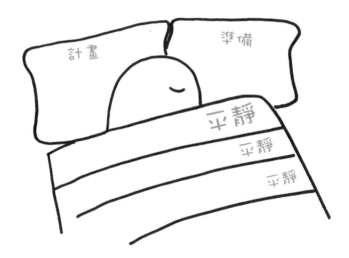

焦慮型人格急救手冊

就是睡不著！

有時候，我們就是無法入睡。也許是最近累積的壓力太大，讓你輾轉難眠；也許你剛當父母，晚上總是被嬰兒吵醒，白天就無精打采，如同行屍走肉；也許你經常需要做晚班工作，生理時鐘受到干擾，很難調整，想要正常入睡已經是奢求。

這時，別生氣，也別太緊張。雖然我也知道「說起來容易做起來難」，但是我們已經從這一章中瞭解到，壓力和擔憂等同於焦慮和失眠，所以如果我們不想任由局面混亂下去，最好盡快將它控制住。

那麼，我們能做些什麼呢？我們怎樣才能讓自己睡眠不足、疲倦又頑固的大腦和身體趕緊進入夢鄉呢？又該怎樣應對這種時斷時續、比整夜無眠更讓人難受的支離破碎的睡眠呢？

首先，你要知道什麼時候應該放棄，什麼時候應該堅持。當你清醒地躺在床上，輾轉反側，看著時間一小時一小時地過去，此時再堅持下去也是無濟於事，只會讓你更加崩潰。如果你已經在床上躺了一個多小時卻毫無睡意，那就起來吧。但要注意了，不要讓起床後做的事情給大腦獎勵，這就像你不會用巧克力來獎勵不按時起床的孩子一樣，否則大腦就會認為：「太好了！只要不睡覺，我就能得到好東西！」這就會助長不良行為模式的形成。在你每次睡不著的時候，大腦就會期盼你從床上爬起來。

起床之後，選一些無聊、你不感興趣的，最好是一點刺激作用都沒有的事情去做。你可以把睡前的洗漱流程再來一遍，比如刷刷牙，上個廁所，換套新睡衣，把被子再鋪得清爽舒適一些。做這些事的時候要用微暗的燈光，不要讓大腦徹底被喚醒；也要讓動作保持緩慢穩定的節奏，好讓身體盡量處於平靜狀態。如果你的行為盡可能接近快要入睡的狀態，會在某種程度上給予大腦信號，告訴自己該休息了。

　　你也可以起床做一些真正無聊的事。記住，不要刺激大腦，不要讓它興奮，因此所有的動作都要盡可能地冷靜緩慢。你可以做做像熨東西這樣不用動腦子的事情，熨的物品越無關緊要越好，比如襪子、擦杯盤的抹布等等。你也可以整理整理書架或放文具的抽屜，把廚房裡的瓶瓶罐罐擦一遍……無論做什麼，共同點都是用無聊的事「懲罰」大腦，而不是用看電影、玩遊戲、看有意思的書這樣有趣的事來「獎勵」它。這樣一來，大腦很快就會明白：即便你因為失眠而起床，也不會有什麼好玩的事等著你；你只會去做一些極其無聊的事，這樣很快就會昏昏欲睡。

　　注意不要泡茶喝，更不要喝任何含有咖啡因的飲料，因為這只會讓你更加清醒；也不要喝酒或抽煙，它們都會讓大腦興奮，讓你更睡不著。如果你想要喝點什麼，就喝沒有味道的白開水或牛奶吧，記得回到床上入睡前上一次廁所。

　　訂定一個時間表，並嚴格要求自己去執行。到了固定的起床時間，不管你有沒有睡著，睡了多久，都要起床，就當自己是小

孩子一樣。不管一開始多麼難適應，只要你嚴格遵守時間表，你的身體很快就會有所反應，習慣於這套模式，知道在什麼時候應該做些什麼，在夜晚來臨時不再抗拒睡眠（希望如此）。訓練你的身體和大腦嚴格遵守時間表，對於解決睡眠問題很有幫助。

如果你的睡眠時好時壞，那就要有針對性地調整和改善自己的生活方式。如果你明知道周五晚上出去喝個爛醉會讓自己接下來一連四天都恍恍惚惚，那就好好想想你的安排，權衡一下可能發生的後果。不是說你不能出去玩，不是這個意思——出去玩樂是應對焦慮的最佳方式，而是說你要多花點時間留意自己的感受。如果去做個ＳＰＡ舒緩幾天，比連著兩晚縱酒狂歡更能讓你安眠，那就聽從身體的反應吧。好好地休息能讓你以更理想的狀態開始新的一週，而不是感到疲倦、焦慮甚至欠下更多的「睡眠債」。

也有的人則是因為其他原因導致睡眠被打斷，比如晚上被嬰兒的哭聲吵醒，家裡有人夜裡需要照顧，你自己或是另一半上晚班，影響了睡眠品質……你真的很不容易，但千萬別去扮演超級英雄，這很重要！睡眠被剝奪雖然很痛苦，但是大部分人在生命中的某個階段都曾經歷過，多和別人聊一聊，有時候會讓你覺得不是只有自己有大大的眼袋和疲憊的身體。

一般來說，能睡一會兒總比完全不睡要好，所以想想看能不能擠出半小時來小睡一下，或是做做冥想，補充一下精力。如果你需要一段平靜安寧、不被打擾的時間，不妨請別人幫幫忙，也

許可以請一位信得過的家人幫你照顧一下小孩。要抓緊一切機會補眠，別總想著自我犧牲，記住，你只有先照顧好自己，才能更好地照顧別人。

　　如果你在白天很難睡著，不妨試試冥想或放空，許多實例證明它們與小睡一樣有效。現在還有許多助眠ＡＰＰ、網站和有聲讀物，你可以多方嘗試，找到對自己有幫助的。

小練習

呼吸練習

　　調整呼吸是一種簡單卻有效的自我放鬆方式。許多人在緊張和焦慮的時候，呼吸也會輕淺而急促，這也是無法使我們的大腦和身體保持鎮定的主要原因。通過下面這個簡單的練習，我們可以在任何情況下都快速調整回正常的狀態。在我們進行下一個練習之前先進行這個呼吸練習，效果會更好。

　　找一個安靜的地方，坐一下或躺一下。如果只能站著也沒關係，不會影響練習。

把注意力放到你的呼吸節奏上。

▼

留意每次呼吸起伏，增加吸的幅度，再增加呼的幅度。吸的時候要通過鼻腔，緩慢而深長地吸氣到底（直到腹部完全凹陷），然後通過嘴巴，均勻、緩慢而深長地完全呼出去。

▼

保持這種呼吸模式，找到自己的節奏。留意每一次吸氣

和呼氣。當吸氣時，想像所有美好的事情、想法和感覺（如鎮定、平和以及動力）隨著氣體進入身體。呼氣時，想像所有負面消極的煩惱（如壓力、焦慮和擔憂）被氣體帶走，不再留在你的體內。

▼

使用這種模式呼吸五到六次，你會感到更加鎮定、放鬆和專注。

如果已經準備好入睡了，就可以進入下一個練習。

小練習

想像練習

　　當你準備要上床的時候，請把想像力調整到「豐沛狀態」，可以說這是讓你進入夢鄉的關鍵。每晚都做做這個練習，練習得越多，就會越有效。

　　室內要保持溫度適宜（別太熱）和光線適宜（可以昏暗一些，或乾脆關掉燈）。當然如果你快睡著了，那還是把燈全關掉吧。

> 找一個舒服的姿勢躺下，閉上雙眼，傾聽你周圍自然的噪音（車流聲、鐘錶滴答聲等等）。如果你不喜歡完全地安靜，也可以開著小聲的廣播或者音樂。
>
> ▼
>
> 把注意力集中在自己的呼吸上，做一次愉悅而深長的呼吸，用鼻子盡可能深深地吸氣，然後用嘴巴緩慢地呼出。這會幫助你更進一步放鬆。
>
> ▼
>
> 現在放飛你的想像力。即便你之前從未做過這樣的想像遊戲也沒關係，順其自然，看看你能想出什麼來，無所

謂對錯。你將用到三種感官──視覺（眼睛），聽覺（耳朵）和運動感覺（內在感知／觸覺）。

▼

想像「愉悅的睡眠」會是什麼樣的，將它具體地想像出來。在腦海中幻想出你可以想到的最美妙的畫面，可能是躺在鬆軟的雲朵上，或者在星空下的沙灘上抬頭便是滿天星光，或者是在一張極其昂貴、絲質、柔軟的加大雙人床上……讓這個畫面盡可能宏大而奢華。根據你的需要，將燈光調整得柔和一點或是昏暗一點，讓自己盡可能地放鬆。

▼

接下來為這個完美放鬆的想像加上聲音，什麼聲音會讓你感覺更加放鬆、更昏昏欲睡？或許是貓頭鷹的鳴叫聲，或許是溫柔的雨滴聲，或許是海浪輕拍沙灘聲……為你沉浸其中地畫面，配上這些令人平靜的背景音。

▼

最後，把注意力放到身體的內部，溫和地探索這美好的景象帶給你的感覺，讓它們變得更強烈。你可能會感覺到胸膛發熱，或者是感覺頭腦裡有一個平靜的空間。留意並享受這些感覺，讓它們變得更強烈。

▼

將你想像出的畫面、聲音和由此產生的感覺匯合在一起，形成專屬於你的放鬆體驗。

▼

讓自己完全沉浸在這個場景和由此產生的感覺中，享受它，擁抱它，讓它自由流動在身體和精神中，體會深度放鬆的感覺，你會慢慢地進入夢鄉。

晚安！

寫在最後

希望在閱讀本章後，你對如何獲得更優質的睡眠，以及如何在入睡前處理好那些尚未解決、被壓抑的情緒和問題，能有更多的瞭解。

還有一些小方法也能幫助我們進入睡眠模式，清單如下：

應該做的

- **做好入睡的準備**。把自己當作一個嬰兒，睡前給自己一些放鬆時間，洗個香噴噴的熱水澡，讀一本不需要過多思考（不要艱澀難讀的）的好書或雜誌。
- **確保室內溫度適宜**。不要太熱，窗戶可以稍微開一點，讓新鮮的空氣進來。
- **保持燈光昏暗**。用百葉窗或者窗簾來阻隔從窗戶縫隙透進來的自然光。

不應該做的

- **在臨睡前使用電子設備**。電子設備的光線會刺激你的大腦進入清醒模式，所以在睡前一小時要遠離一切電子設備，給大腦放鬆的機會。
- **帶手機上床**。把手機放在身邊會引誘你一直更新訊息，影響睡眠。把手機調成飛航模式，這樣就封鎖了不間斷傳送過來的新訊息，或者乾脆把手機放到隔壁房間，眼不見心

不煩。如果你需要在睡眠時間也能被聯絡到，那就通知可能會聯絡你的人打固定電話找你，或者第二天早上再說。

- **不要讓臥室有睡覺以外的用途。**不要躺在床上看電視或吃飯……讓臥室成為只用來舒服睡覺的地方，這樣大腦才能將這裡與其他場所區分開來。
- **不要帶著讓你擔心或焦慮的事情上床。**在床邊放一個筆記本和一支筆，把困擾你的，或需要你第二天去做的事寫下來，這樣你就可以在入睡前讓大腦「清空垃圾」。

失眠

是時候解決你的想法和焦慮了

我欽佩安娜的誠實與尋求幫助的巨大勇氣。現在看來，她當時該有多麼恐懼和絕望啊！向別人承認自己需要幫助，跨出這第一步本身就是很艱難的，尤其是你已習慣於「有事自己應付」，或者你對自己有較高期望的時候。安娜在非常可怕的恐慌發作之後，找到了她的媽媽。你身邊有可以支持你的人嗎？

另一方面，你可能會遇到關係密切的朋友，想要與你談談他們的心理問題。我的建議是保持鎮靜，認真傾聽，不要批評（並且不要擔心長時間的安靜），問一些開放式的問題。你並不是非得找出答案（其實一旦你們開啟了談話，就能一起找出「行動要點」），你的陪伴就已經很重要了。

有的時候不光缺乏睡眠會加劇焦慮，人們主觀認為自己睡得不夠，這種擔憂也會使情況變糟。如果你已經建立了一套良好的夜間作息習慣，並且處理好了身體上或周圍環境中干擾你睡眠的問題（你的床足夠舒服嗎？你在晚間戒除攝入咖

啡因了嗎？你的伴侶解決他晚上打呼的問題了嗎？），是時候解決你的想法和顧慮了。

獲得良好睡眠的小建議

建議 1──

改掉在床上思考問題的習慣。人們在床上想煩心事是很常見的，但睡前不是做這件事的時候！你的床只能用來睡覺和休息。

建議 2──

學會在床上放鬆。創造一個舒適寧靜、能激起你積極感受的睡眠環境。練習安娜在本章和第七章裡介紹的全身放鬆技巧。

安娜提供了各種在床上獲得放鬆狀態的方式。其中我最愛的，也是我常常推薦給個案的，就是運用多種感官來放鬆的方式（也就是安娜提出的「想像練習」）。當你通過感官來收集、感知信號，創建睡眠環境時，你的注意力就會集中於當下，而不是沉浸在擔憂裡。

建議 3——

在入睡前，把你的想法、顧慮和行動要點都寫下來，一旦落在紙上，你就不必再擔心會忘了它們，可以隨後再做處理。

最後要說的是，偶爾睡不好不是什麼大問題，誰都會時不時碰到類似情況（比如在考試、工作面試前夜的失眠）。你只要記住「偶爾睡不好覺並不會對隔天的表現有負面影響」就夠了。

CHAPTER

5

情緒低落

「讓我一個人待著」

節目

7:30　最糟糕的
　　　記憶

　　　最糟糕的
　　　記憶

9:00　嘉賓：憂鬱

　　　最糟糕的
11:30　記憶

指南

　　　最糟糕的
2:00　記憶

　　　最糟糕的
　　　記憶

　　　主題：
6:30　恐慌發作

　　　最糟糕的
8:00　記憶

安娜的緊急修復法

· · ·

放鬆　當我們失落時，會對自己尤其苛刻，而這恰恰是我們不該做的。你的感受很重要，也很正常，所以不要再苛責自己，善待自己的需求。

不要孤立自己　當我們不知所措的時候，更容易讓自己進入「冬眠狀態」，切斷與他人的聯繫。這時不妨多留意一些能讓自己產生共鳴的事物，想想誰在身邊你覺得最舒適，哪裡讓你覺得最放鬆之類的問題。

表達自己　把自己的失落感表達出來或許是最需要勇氣的事，但這是把壓抑情緒和想法趕出大腦的最佳方式。找一個信任的朋友談談，也可以把這些感受以書信的方式寫給自己……途徑不重要，重要的是表達出來。

憂鬱是什麼

憂鬱（depression），是不是聽起來就很可怕？什麼「大蕭條」（Great Depression）、低氣壓（weather depression）……幾乎在所有的語境中，「憂鬱」一詞都帶有讓人窒息的負面含義。區區一個單詞能讓人有這種感受，實在太奇怪了。

有很多人亂用這個詞。也許你曾不止一次看到有人以手扶額，面露落難少女般的憂愁狀，彷彿在演戲一樣誇張地說「我好憂鬱啊」，事實上她可能只是弄破了一片指甲，或是剛剛分手，或是荷爾蒙作祟。

很多人會因為濫用專業術語而有罪惡感──我自己就會時不時地因此而愧疚，但我相信人們在用這個詞的時候並沒有惡意，「憂鬱」只是一個我們慣用的詞罷了，我們可能都不知道它的確切含義。

那麼，憂鬱到底是什麼，當事人究竟是怎樣的感覺？為什麼日常生活中會有這麼多人感到憂鬱呢？與焦慮類似，在英國，每五個人中就有一個人深受憂鬱的影響。這個驚人的比例意味著在英國全國６５００萬（２０１７年）人口中，有將近１３００萬人深受憂鬱困擾。

一個人感到憂鬱有許多原因，憂鬱也確實有許多不同的級

別。從情緒低落，到臨床上的憂鬱症，再到躁鬱症（bipolar disorder），憂鬱也被貼上了各種污名化的標籤。

常常會有個案跟我說他們感到憂鬱，確實有可能是真的憂鬱，但更多時候這不是準確的臨床診斷，而只是自己在搜尋引擎上查資料得到的、極不準確的自我診斷，他們只是自認為憂鬱。

所以，我會幫助他們做進一步的自我檢查。首先，梳理自己對生活中一系列狀況的感受，有助於醫生確認你是確實有憂鬱症狀，還是只是短暫的情緒低落、壓力較大和焦慮。後者帶給你的感覺同樣很糟糕，盡早確診才能盡快採取措施，以免等發展到憂鬱階段再被迫接受藥物治療。

我是一個早期干預治療的堅定擁護者，也確實體會到了知曉自己身體和心理發出的信號並及時應對的好處。我多麼希望在很多年以前就能夠與自我更為合拍，對明顯發生在自己身上的警示信號有所察覺，及時做些什麼，這樣不會讓當初的一些小毛病在幾個月後發展為破壞力巨大的問題。

憂鬱的原因

心理問題的產生並無明確的規律可言。憂鬱，就像焦慮一樣，會在任何時候降臨到任何人頭上，兒童、青少年、成人、老年人……一視同仁。所以，當我們情緒低落時，不要給自己過多的壓力，否則只會讓自己感覺更糟。

很多人想不通為什麼自己會憂鬱。我理解這種感覺，因為我也曾經是其中之一。當我被焦慮和憂鬱所困時，也會覺得自己根本不該承受這些，我根本沒什麼好憂鬱的事！這種想法只會讓我感覺更糟糕，壓力更大，更低落。現在我已經完全接受了自己只是一個被憂鬱選中的人而已，沒有什麼特別原因，也不必愧疚或難堪。也許我沒有被多年創傷折磨過，也沒經歷過重大打擊（謝天謝地）——這些可能更符合我們對導致憂鬱原因的想像，但我也有自己的經歷和感受。

事實上，沒有人會主動選擇憂鬱，沒有人會自願承受憂鬱折磨。只是在生活中，我們總會遭遇一些事件，可能會觸發情緒低落或憂鬱。

至於為什麼會在生命中的某個階段感到憂鬱，有許多顯而易見的原因，但也有些原因或許不是那麼明顯，以下是一些可能發生的因素：

重大事件——如學校／教育問題，創傷事件（比如心理或身體上受到攻擊），工作問題（比如被解雇或遭遇職場暴力）。

離別之痛——如失去了心愛之人或寵物，父母離異，一段關係破裂，搬家，孩子獨立離家等。

憤怒——可能你對某個讓你特別不愉快的事件或情形一直耿耿於懷，未解決的憤怒情緒就可能以憂鬱的形式爆發。

童年經歷——比如沒有得到足夠的關愛，父母關係不好甚至

離異，遭受身心虐待或性虐待等。

身體狀況——包括睡眠問題、飲食問題、荷爾蒙問題、學習障礙、身體殘疾等多種影響大腦和神經系統的情況。

藥物副作用——手術或某些藥物引發的憂鬱副作用。

酒精和其他成癮事物——它們會讓你短時間內感覺很好，但是長期依賴會讓你變得更糟糕。

基因——如果家族中有憂鬱症病史，那麼下一代可能會因遺傳或行為模仿而影響。

以上還只是憂鬱的部分原因，一定還有很多我們甚至沒有意識到的原因，或許你還能添加幾條自己的原因上去，也可能你找不到原因，不知道自己一開始為什麼不高興，這也沒問題，只要接受自己當下的感受就夠了。當然，如果你願意且可以探索深層原因，會對解決問題有很大的幫助。

首先，讓我們回到內在感受。你隨時可以做第１４３頁的小練習，持續地自我檢查對觀測情緒變動很有幫助。

常見的誤解

我發現許多憂鬱者的家人和朋友都對哪些症狀是憂鬱，哪些不是，有著嚴重誤會。因此，我認為有必要澄清一些大家關於憂鬱的常見誤解，這樣應該會間接幫助到那些被憂鬱折磨的人。

情緒低落或憂鬱並不意味著一個人突然得了什麼傳染性惡

疾，需要被隔離起來，也不該被人在背後指點、議論。因此，不應該把他們當成怪人來孤立或隔絕。社交活動時刻意不邀請他們，只會讓他們感到更孤獨、更絕望。

憂鬱症患者並不是想故意尋求關注。我有時會聽到「某人只是為了吸引目光才故意裝可憐」的言論，這種言論非常刻薄且不尊重人。當一個人處於情緒低落的泥沼中時，只會覺得身心俱疲，彷彿和拳王麥克‧泰森（Mike Tyson）打了十回合一樣。如果一個人真要吸引注意力，明明還有無數種更為有趣的方式。

在恐懼、疲憊和無力感的夾擊下，憂鬱者會覺得再也沒有多餘的精力來應付其他事情，每天獨自應對憂鬱已經要付出很大的努力。在這種狀態下，他也許會在最後關頭取消既定計畫，也可能沒辦法再正常工作，這不代表他就靠不住、沒有責任心、沒禮貌或不在乎別人，只能說明在那一刻他是真的做不到。相信我，做出這些調整他自己恐怕會更愧疚、更沮喪（其實他更應該坦然一些）。

憂鬱的表現並不是一成不變的，人們會感覺時好時壞。有時感到一切良好，甚至會讓別人以為他已經好了，但很快又會痛苦得只想待在床上。憂鬱並不僅僅是覺得「有一點悲傷」，更不是什麼「振作起來」「打起精神」就能戰勝的事情，真有那麼簡單就好了！我很明白與身陷憂鬱的人打交道有多讓人困惑，我們沒辦法實實在在地「看到」問題，這就更令人沮喪。通常只要我們能看到或想到問題是什麼樣子的，就有了解決它的基礎，這會讓

我們更舒服一些。但精神健康方面的問題往往沒那麼顯而易見，也不容易解決，我們必須靈活應對，多些同理心與理解。

對於憂鬱而言，並沒有什麼明確的評斷標準，也沒有什麼固定療法或是快速解決的辦法。每個人的情況都是不同的，應該區別對待，但還是有很多可以幫助憂鬱者減輕痛苦的通用方法，通常都需要我們靈活運用。有的人已經憂鬱了好幾年，有的人則很快就康復了。所以，不要隨意評價別人，也不要用一個人的情況去衡量對比另一個人。

小練習

評估你的內在感受

　　根據下面的評估量表為自己的感覺打分數。根據自己的實際情況，選擇最接近的描述。可以每天一測，也可以每周一測（根據自己的狀況而定。如果你覺得自己狀態很糟，就每天一測；如果只是定時檢查，那就每周一測）。追蹤測試結果，看看自己是否有所進步，何時需要改變，何時需要進一步的幫助。測試結果也可以傳給朋友、醫生或諮商師，以獲得相關的支持。

1. 感覺很好，很平靜，很滿足。
2. 總體來說感覺不錯，沒什麼瑣事煩心，但深究起來，也不是一點問題都沒有。
3. 有一點失落，沒有什麼重大的事，但仔細想想，會發現一些令人困擾的小事。
4. 有一些明顯地不愉快、憂慮或煩惱。
5. 相當沮喪，根本無法忽視那些消極的想法。
6. 感覺不太好，需要做些什麼來緩解。
7. 感覺有點糟糕，雖然還努力撐著但越來越勉強了。

8. 感覺很糟糕，沒有精力，不想跟別人說話，只想一個人待著。

9. 感到絕望，精神難以為繼，不知該做什麼，也不知該去向何方。

10. 救命！已經到了危急關頭，不知道該做些什麼，迫切需要幫助和支持！

創傷後壓力症候群

　　終於聊到了這個沉重的話題。我們可以從字面上就大致瞭解「創傷後壓力症候群」（Post-Traumatic Stress Disorder，PTSD）是什麼，即某個在事後依然對人造成持續影響的創傷事件。

　　你可能聽過這個術語被用在從戰亂地區返家的士兵身上，他們可能目睹甚至參與過可怕且令人不安的事件，內心無法妥善處理和消化，在事件發生過一段時間之後依然在身體上、精神和情緒上留有當時的體驗，創傷的記憶會在他們的腦海裡重複上演。

　　驚嚇可能是誘因之一，因為人類大腦和身體的構造很巧妙，會在創傷事件發生的第一時間阻止當事人吸收全部影響，然而事件過後，當我們回到沒有危險的環境中時，哪怕是最微小的因素都可能觸發當時的負面影響，拉起壓力荷爾蒙（stress hormones）飆升的警報。我們大腦中有一個部分叫作「杏仁核」（amygdala），它會幫助我們以情緒快速判斷，就像緊急按鈕，或是那種必須存在但有些討厭的煙霧警報器一樣，只要聞到一點烤麵包的氣味就會發出警報。

　　如果某個人在創傷事件發生後的一段時間內，始終被恐懼和痛苦持續折磨著，而且經常被特定的東西、經歷和記憶觸發強烈的恐懼感，那麼他很有可能會被診斷為患有創傷後壓力症候群。有時氣味、聲音，甚至是完全不相干的事物都有可能觸發痛苦回

憶，把可憐的患者帶回創傷事件中，讓他再次經歷恐懼等感覺。

通常，人們會及時處理某個感到壓力或者沮喪的事件，讓大腦檢查各種情緒，將所有無益的恐懼和未解決的感受合理化，把記憶留在它該在的過去，解決並且放下。

有時候，這種方式可能會花比較多時間，但從根本上解決問題，對患者來說非常重要。所以，談話是至關重要的。

我已故的祖父曾經在第二次世界大戰中擔任坦克指揮官。戰火中他差點被一個德國狙擊手射中，對方的子彈以毫釐之差從我祖父的腦袋旁邊飛了過去。從戰場回來的一年裡，祖母說當時的情景對祖父來說歷歷在目，彷彿這一切已經被定格在記憶裡。

背井離鄉五年，目睹了戰爭的殘酷而無法釋懷，又沒有女性相伴左右……戰爭經歷徹底改變了祖父。聽祖母說，祖父從前線回來後，用了好幾年時間才恢復正常人的狀態。幸運的是，他後來擁有了富足、快樂的生活，但依然有很多創傷後壓力症候群患者無法消化和擺脫創傷記憶，這些人疲於與內在自我做鬥爭，根本無法過好日常生活──這正是創傷後壓力症候群、焦慮症和憂鬱症共有的特點。一旦發作後的狀態消散起來卻沒有想像地快，這種情形就好像廚房裡水龍頭開到了最大，而排水口卻堵塞了。

普通人也會出現創傷後壓力症候群

　　創傷後壓力症候群患者人群並不侷限於退伍士兵，普通人也會出現創傷後壓力症候群。從表面看來沒有那麼痛苦的事情，對身受折磨的當事人來說也會極其可怕、痛苦。

　　有時，人們會因為很私人的原因而遭受創傷後壓力症候群的折磨，他們應該得到尊重，而不是受到質疑。有人是因為正在接受的某種治療，有人因為曾目睹過車禍或死亡，有人則是自己經歷過車禍，還有人是因為曾經難產、遇到過襲擊……原因有千百種，但對每一個個體而言，觸發創傷後壓力症候群的原因都是獨一無二的，應當被區別對待。

　　有一天，我的一位個案在開車回家途中，突然感到胸腔傳來一陣劇痛，然後疼痛感又迅速擴散到肺部，她當下幾乎無法呼吸。她努力把車子安全地停到路邊，撥通了急救電話。雖然救護人員在十分鐘內就趕來了，但她在等待救援的十分鐘裡，孤身一人，身體處在極度疼痛之中，感覺自己快要死去了。救護人員抵達後發現她處於非常驚恐且焦慮的狀態，在快速評估之後，將她診斷為肺部萎縮，並隨即採取了一種極為可怕的治療程序，讓萎縮的肺部再次膨脹起來。在電影《黑色追緝令》（*Pulp Fiction*）裡，鄔瑪・舒曼（Uma Thurman）飾演的人物米亞（Mia）曾被人在心臟上注射腎上腺素……我那位個案接受的治療方式和電影中那一幕非常相似，聽著就很痛！

　　幸運的是，這次突發狀況很快就穩定下來，醫生提供了及時

有效的治療，並告訴她類似情況應該不會再有第二次了。然而，這次意外帶來的情緒上的副作用卻非常大。在事件過去後的很多年中，創傷後壓力症候群以恐慌發作的方式讓她一次又一次地體驗那種身心的折磨，她害怕離開家裡，害怕再次經歷那種瀕臨死亡的恐懼和痛苦。

於是，她從一位活潑大方的職業女性變成因擔心不安全而懼怕離家太遠的隱士。即使醫生已經說過，這種情況幾乎不可能再發生，但對她來說，那次偶然的經歷給她帶來的巨大創傷一直沒有解決，以至於任何與車裡有關的情形都會觸發那天的恐懼。

幸運的是，隨著時間的推移和多重合理干預機制的使用，我的個案最終與創傷達成和解，並且建立起了新的行為習慣，讓壓力和焦慮的程度重新回到了正常狀態。

如果過去的一段痛苦記憶或者痛苦事件，讓你的焦慮到了臨界點，已經無法處理了，那麼你可以試試接下來的小練習。

小練習

「分離」狀態

　　在這個練習中，我希望你能保持一種「分離」的狀態，從旁觀者的視角來看待自己經歷的創傷性事件。這樣做是為了將負面情緒隔離在安全距離之外，好讓你可以平靜地面對。

> 想一想是哪件事或哪一幕引發了你的不安情緒。從旁觀者的角度將自己帶回那段記憶裡，你可以閉上眼睛，讓它像電影一樣重播一遍。
>
> ▼
>
> 注意不要直接跳到事件爆發的時刻，這正是我要你站在旁觀者角度的原因，希望你稍稍感受一下當時的情緒就可以了，不要去切身感受。留意自己的狀態是否健康。
>
> ▼
>
> 將自己帶回記憶起始點，留意自己第一次體驗負面情緒的情形。然後將時間再向前推移，將自己帶回到創傷性事件發生前的幾分鐘，當時的你是鎮定而放鬆的。真實地去享受創造和記憶這種放鬆感的過程。
>
> ▼

想一想這段回憶再次上演之後，你想要自己擁有怎樣的感覺。享受這個富有創造力的過程，調動你的感官和想像力，把聲音、影像和情緒結合起來。

▼

好的，現在來到真正需要發揮創造力的部分了。想像自己坐在客廳看電視。電視播放的是你特定記憶的影片，當播放到你處於放鬆的狀態時，按下暫停鍵。

▼

想像你走出客廳，關上門，透過門上的窗戶看裡面的電視，你可以清晰地看到電視畫面現在是暫停的。

▼

現在，按下遙控器上的「播放」按鍵，讓回憶繼續播放，從事件的起始一直播到結束。想像電視播放的聲音和影像品質都不是很好，聲音有雜音，聽不清楚，畫面很模糊……就像是信號受到了暴風雪干擾一樣，而且越來越差。記住你是在客廳外看電視的。

▼

回憶接近尾聲時，畫面和聲音都幾乎消失了。這時，想像自己按下遙控器上的「倒回」鍵，讓影片回到起始階段，回到你感到很鎮定和放鬆的時候。享受這種感覺，讓它盡可能地美好、精彩，並深深呼吸。

▼

保持站在客廳門外的疏離狀態，將以上過程重複五次，每一次圖像和聲音都要漸漸扭曲、模糊。快速倒回影片開端後，要讓每一次的起始部分都比上一次更美好、更精彩。

▼

一旦有了第一次嘗試，之後重複練習就會變得越來越容易。留意自己的感覺，然後問問自己，現在對這些記憶／事件的感覺如何？

▼

堅持練習，鼓勵自己在掌控記憶和情緒方面的每一次進步。大腦是最為溫順聽話的，會按照我們的指令運行。越是強調負面情緒之前的那部分好的體驗，越是將負面情緒扭曲化、模糊化，令它難以辨認，大腦就越會忽視負面情緒，從而減輕創傷性事件帶來的壓力反應。

「恐懼循環」

其實，我並未被確診為創傷後壓力症候群，但是在經歷了第一次恐慌發作之後，我一度有過類似的「恐懼循環」。在一天中的某些時間段，尤其是晚上，恐慌和驚懼感就會在我心中爆發，一些微不足道的小事，比如前男友用過的鬍後水味道，也會開啟我大腦裡的「恐慌警報」，我會不自覺地回想起第一次恐慌發作時的記憶。也就是說，那件事引發的創傷，一直都影響著我。

持續且高強度的壓力之下，再加上情緒低落，輕度憂鬱、焦慮和創傷，都直接影響到了我的狀況和焦慮障礙的呈現方式。當我徹底走出來之後，我才真的明白了自己當時的感覺，以及為什麼會有那樣的感覺。那個時候我就像個怪胎，舉止奇怪且毫無緣由。現在回想起來才發現，難怪我當時會不知所措！

即便是現在，當我獨自離家或是感到特別疲憊時，那種熟悉的感覺依舊會爬上心頭。我相信這還是源於過去的恐慌發作和創傷性事件。想要改變習慣並不容易，不過我的經歷可以證明，只要清楚明白問題所在，去努力解決它，改變就會發生。

不要自己硬扛

有些時候，你就是不想去改變。可能你就是想放任自己的壞情緒不管，這完全沒問題。有的時候拋開壓力，不去做精力充沛、元氣滿滿的人，也是有好處的。

給自己放一天假，留意自己的情緒，觀察自己的狀態變化。

如果你的感覺持續惡化，不要一個人扛著，找醫生或專業機構尋求幫助，或與信賴的人聊聊，宣洩你的感覺。

小練習

挑戰它，改變它

著名汽車製造商亨利・福特（Henry Ford）曾經説過 ：「無論你認為自己能或者不能，你都是正確的。」我認為這句話説得非常好，幾乎就是真理了。

關於精神力量有許多説法，除了正面鼓勵或言語激勵的例子外，還有許多科學事實。

我們的潛意識其實非常容易受影響，並且無法處理否定式指令。因此，不要對自己説「我今天不想太難過」，試著換成「我今天會開心的」。雖然這兩句話意思一樣，但如果使用前者，大腦就只會捕捉到「不要」和「傷心」這兩個詞。它不關心詞語順序或你的真實意圖，只會對這兩個詞做出反應。

因此，盡量少用負面表達，多找找相反的正面表述，替換掉負面的句子、説法或情緒。試著將所有以「我不能」開頭的句子轉換角度，變成以「我可以」開頭的新句子。

扭轉負面思想或行為所帶來的消極影響，將那些對你毫無益

處、你卻習以為常的東西連根拔除，比如，如果你總是對自己說「我無法和別人建立起親密關係，沒有人喜歡我」，那麼你就只會遵循這種思維模式去行事。

別忘了，潛意識只會按照你說的去做。試著用更積極的想法來代替原本的消極想法，比如「我一定會找到合適的伴侶，當我做好準備，那個人就會出現」。

情緒低落和憂鬱

憂鬱往往是悄然發生的

安娜認為，每個人的憂鬱經歷都是獨一無二的，診斷憂鬱的標準十分廣泛，涵蓋了多種表現和症狀，即便同是被診斷為憂鬱的人，也可能毫無共同之處。正因為如此，找出每個人獨特的憂鬱表現是必要的。

不同文化背景下的人對憂鬱的體驗有著有趣的差異。通常，非西方文化背景的人會更容易表現出身體症狀（如疼痛、疲勞）而非心理症狀（如有負罪感或有輕生的想法）。

就我個人的工作經驗來看，憂鬱往往是悄然發生的，人們可能最先會出現的狀況是不再外出，退縮不前──他們首先會放棄生活中美好的事物。

當你情緒低落或者憂鬱的時候曾經放棄過什麼？當我為個案諮商時，一開始常常會讓他們思考生活中可以增加哪些開心的事，以及怎樣才能對自己更好一點。學會獎勵自己、善待自己，是改善心理狀態的關鍵方法之一。

應對情緒低落的小建議

建議 1——

思考一下，你喜歡做什麼，有哪些事可以讓你放鬆或者開懷大笑？可以是瑣事，也可以是大事；可以是立刻買得到的東西，也可以是你存錢才能買的東西；可以是只有自己知道的事，也可以是邀請朋友一起來做的事，或是你想獨立完成的事……或許長此以往，你就能學會放棄自我批判，認識到哪方面你已經做得很好或者至少努力嘗試了。

創傷後壓力症候群（PTSD）——

正如安娜所說，針對創傷後壓力症候群談話治療是很重要的。除了「重複經歷」創傷、逃避退縮與充滿戒備且容易受驚，創傷後壓力症候群患者也常會感受到憤怒、困惑、內疚與羞愧等情緒。

對曾經遭受心理創傷的個案而言，傾聽其發生的故事並相信他們，對他們而言是很重要的。有許多方法可以幫助人們處理創傷，但與當事人對談並理解他經歷了些什麼，是非常重要的第一步。

建議 2——

我發現從兩個方向來應對憂鬱會非常有用：用短期策略來幫助你走出憂鬱，用長期策略以減少你憂鬱復發的可能性。

短期策略有：運動、改變思維模式、尋求朋友的支持。為了防止憂鬱復發，可供採用的長期策略有：在飲食、睡眠和運動方面做些改進，善待自己（參照前文），努力發展良好的人際關係等。

建議 3 ——

和有過相同經歷的人談談往往會有所幫助。上網看看，當地是否有適合自己的心理互助小組。

如果過去某一段創傷性經歷已經影響到了你，那麼思考一下你是否準備好要去解決它了。如果答案是肯定的，安娜的「分離」小練習將是一個很好的開端。對有的人來說，一些簡單的自助措施就足夠了；但對另一些人來說，專業的治療必不可少。如果你的症狀已經持續了數月，你覺得生活了無生趣，或者你認為自己有可能傷害別人或自我傷害，那麼尋求幫助和建議是非常重要的。

CHAPTER

6

自我麻痹

「我無力應對」

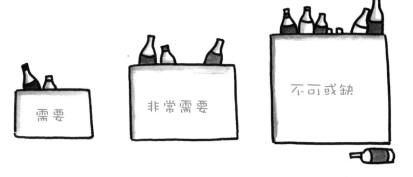

需要

非常需要

不可或缺

安娜的緊急修復法

• • •

意識到問題 當我們感到焦慮、憂鬱等情緒如泰山壓頂般襲來時，沉迷於某種成癮物質或成癮行為其實是一種「消極放任」的反應。留意你是否在尋求「臨時安慰劑」，以及從什麼時候開始的。當我們有所意識的時候，就很難再隱藏了。

勇敢尋求幫助 許多人覺得，如果他們使用的「自救方案」不被社會普遍接受，甚至不合法，就會感到尷尬或羞愧。勇敢一些，你不應該責備自己，你應該得到愛和支持，找一個你信任的人，向他吐露心聲，請他幫助你擺脫這些破壞性行為。

善待自己 不要批判自己，別再因為已經發生的事責備自己。如果你有依靠成癮物質來自我麻痺的行為，這往往是因為你迫切需要從可怕的情緒或心理問題中逃離。這並不是你的錯，你越對此感到羞愧，就越無法走出來。所以，對自己友善、寬容一點。

成癮行為

於我而言，自我麻痹會讓我的腦海裡浮現出非常昏暗和壓抑的場景，就像著名電影《猜火車》（*Trainspotting*）中演的那樣，伊旺·麥奎格（Ewan McGregor）充滿了渴求，幾乎不惜任何代價也要獲得「解藥」，並最終得到了可見的釋放和解脫。他選擇了一種非常極端的東西。那麼，他的這種自我麻痹是出於無力應對的絕望，還是僅僅為了滿足自己？其實二者並無差別，當一個人處於焦慮和憂鬱之中，恐懼等情緒排山倒海而來，讓人無力應對時，幾乎都會自然而然地選擇自我麻痹。

雖然《猜火車》只是一部電影，但通過成癮行為來自我麻痹卻是廣泛常見的真實案例。

臨界點

那麼，「自我麻痹」究竟是怎麼回事？誰會這樣做？人們會在什麼時候選擇自我麻痹，具體有哪些方法？答案就是，任何人都會到達臨界點，即在彼時彼刻他們唯一能做的，就是對所處的情景和感覺保持麻木，做法包括酗酒、吸毒或是成癮性的行為如暴飲暴食、過度節食、賭博、過度性行為等。

我並不是說所有人都有潛在的焦慮症，會在某個時刻依賴上酒精之類令自己消極放縱的精神寄託物。我想說的是，很多人會不自覺地掩蓋自己可能有的心理問題，就像蓋上一張看上去無比

舒適的毯子。通常這是一個緩慢發展的過程，從一件微小或不常發生的事情開始，逐漸失去控制，以可能或已經成癮的形式，演變成一個全新且更大的問題。

為了便於讀者理解，在本章，我會主要闡明通過酒精、娛樂性用藥和其他行為比如性成癮和賭博來自我麻痺的方式。我會在第七章更詳細地解釋濫用處方藥物的行為，第八章中介紹鍛鍊和飲食問題，第九章中講述自殘行為，這些都是比較常見的自我麻痺方法。

自我毀滅之路

許多人對日常生活中的壓力和棘手事件還能應付過來。不過我們都有過類似的經歷，在某個特別令人厭煩的一天結束後，回到家裡最想做的事情就是抓起一個空杯子，倒上一大杯酒，心懷感恩地一飲而盡，彷彿這一天的壓力和焦慮就會隨著酒精的「治癒效果」逐漸消退。這不就和在一天的體力勞動過後喝上幾杯沒什麼區別嗎？

然而，如果這樣做似乎沒什麼，能被大家廣泛接受，甚至廣受歡迎，那麼習慣就成了一種「需要」，接著成為「非常需要」，然後是「不可或缺」，問題就真的來了。

偶爾來一杯喜歡的酒沒什麼，尤其當我們想從麻木的狀態中獲得一些即時的滿足時，畢竟小酌幾杯近年來一直作為應對打擊、壓力和緊張的有效方法而被廣泛使用和接受（然而其實沒什

麼用），但當偶爾小酌變得更加頻繁、更習以為常，尤其是這種習慣開始控制、決定你的行為，那麼問題就嚴重了。

你用來應對壓力和焦慮的「解決方案」會在不知不覺中讓你成癮，進而帶來一系列新問題——很可能要比讓你開始喝酒的問題麻煩多了。壓力、焦慮等成了次要問題，酗酒反而成為亟待解決的首要問題。一旦進入了這種模式，也就意味著踏上了一條自我毀滅的路。

什麼人會出現成癮問題？

那麼，為什麼有的人會用成癮行為來自我麻痺，而有的人卻不會呢？可惜的是，這個問題並沒有明確的答案，就像任何人都有可能出現心理問題一樣，任何人都有可能滑向用成癮行為來自我麻痺的深淵。

如果壓力與焦慮感持續發酵，無法以一種健康的方式（如有效溝通或休息）釋放出來，最終就會以比較激烈的形式爆發，可能會表現為恐慌發作、情緒低落、社交焦慮、長期憂心忡忡、腦中塞滿令人煩惱和疲憊的想法等。這時我們該怎麼辦呢？有的人就會選擇喝幾杯、依靠藥物或做些諸如此類的事情，希望由此來緩解壓力。

另外有過創傷性經歷的人也會傾向於用快速平復情緒的方法。當一個人無法與他人通過有效溝通來釋放出內心的想法和情緒時，運用麻痺情緒來重新建立自信的做法就非常有吸引力了。

對此我完全能夠理解，因為我自己在初期確診焦慮症之前，很喜歡每天晚上都喝幾杯葡萄酒（謝天謝地，我沒有走向失控）。重要的是要記得酒精的效果只是暫時的，長此以往只會引發越來越多的問題。通過預防和早期干預來避免自我麻痹帶來的成癮問題才是關鍵。

為什麼會適得其反？

我覺得非常有必要在本章討論一下這個話題。它在心理健康領域中非常重要，卻總是被忽視、被誤讀。從我的工作和個人經驗來看，這也是處理焦慮很重要的一個部分。

我見過許多人因為無力應對潛在的焦慮問題，一邊依靠成癮行為「自我麻痹」，一邊又因此而慚愧、尷尬、絕望。原本無傷大雅的行為，比如小酌幾杯、小賭幾把或看幾張色情照，本來只是為了放鬆或掩蓋撲面而來的焦慮感和壞情緒，為什麼會漸漸成了一種強烈的需求，最後甚至成了戒不掉的癮？

的確，一兩杯酒下肚，融化了我們的痛苦，掩埋了壓力，我們得到了滿足，不再被焦慮的魔爪所威脅。但我們知道，在那些過度自我放縱的夜晚之後，第二天，甚至之後的幾天，我們都會感到生活一片空虛，自己毫無價值。

這是有原因的。除了睡眠品質差（喝醉了的確會沉睡，但這並不是真正有品質的睡眠）帶來的負面影響外，酒精也有導致憂鬱的副作用。如果你想靠酒精讓自己覺得舒服一點，那只會適得

其反。你一定聽過「有起必有落」的說法，這句話用在這裡真是再合適不過了。當酒精的作用漸漸消散，你只會更深刻地體會到「如墜深淵」的感覺。

現在，如果你真的依靠成癮物質去掩飾內心的焦慮、壓力或沮喪情緒，那麼當最初的興奮感消退，你只會更加痛苦，不僅之前折磨你的那些負面情緒會回來，還會因為精疲力竭而更加悲傷無助。坦白說，現在你的情緒非常糟糕，是敲響警報的時候了！

那麼，你還能做點什麼呢？其實有許多方法可供選擇。你可能會意識到自己感覺有多糟糕，再也不想重溫了，因此你不會再去做「那件事」，而是會尋找其他更加健康、有效的方式來替代有害的成癮行為，也有可能在非常害怕、焦慮、憂鬱或有壓力時，再次找回這把「雙刃劍」。

當然了，你是一個聰明人，自然也知道正確的選擇應該是第一種。但是事情並不會總是這麼簡單，尤其是當你處於焦慮之中時更是。如果你無法確定該去哪裡、找誰尋求幫助，如何獲取幫助，甚至有沒有人能提供幫助，你可能就會選擇第二種（以及後面跟著的一連串新問題）。世界上最難的事可能就是既懂得道理，又能真正做出正確的選擇。

如果一切都這麼簡單就好了！但是，請相信，你的確有內在的強大力量和自控力可以做出正確的選擇——畢竟，只有一個人可以掌控你和你的未來，那就是你自己。

如果你感覺左右為難，不知該怎麼辦，可以嘗試接下來的小練習，讓自己在做出決策前獲得更多的資訊。

事情太難了，
好可怕

我**一點都不想**處理

我知道了！

就**忽略一切**，
看電視吧！

小練習

行為模式偵查日記

此項練習的關鍵是要做到坦誠。如果你發現自己很難做到這一點，那麼這本身就能說明一些問題。試著留意顯露出來的負面行為模式，並記錄每天、每周發生的事情，以便打破那些困擾自己的強迫性行為模式。

準備好記錄工具就開始吧！可以是一張紙、一個筆記本、一塊黑板，也可以是放在床頭的一疊便利貼，你也可以直接使用智慧手機裡的記錄功能。

- 先列出周一到周日七個欄位，並留出足夠的空間記錄每日詳情。

- 為自己訂定一個規則，即在未來的一周內，每天在圖表上寫下自己的心情、行為和習慣。要誠實，提醒自己為什麼要做這些，以及它會為你帶來什麼。

- 可以隨時記錄，也可以睡前再記錄一整天的內容。盡量詳實記錄，包括：你做了什麼事、情緒如何、有什麼感覺、吃了什麼、喝了什麼，如果服用了什麼的話，也要寫下來。

- 留意做這些事的時間。一天中是否有某個特殊的時段讓你覺得難熬，需要通過某種「精神寄託物」來度過難關？會養成什麼習慣嗎？

- 一定要做到坦誠──把所有事都寫下來。當我們想要做出改變的時候，把事情親手寫下來會產生強大的影響力，推動事態向積極的方向發展。

- 一周過後，花些時間好好做一番回顧，看看自己都寫了什麼，從自己的行為、情緒、感受或通過成癮行為來緩解痛苦的次數等方面是否能看出什麼習慣模式。

- 如果你有勇氣（你的確有，因為你做到了對自己非常坦誠），可以考慮把你所做的記錄給能夠信賴的朋友看，但如果你發現了更為急迫的問題，就找醫生來幫你解決。

- 要對自己負責，奪回對自己、對事情的控制權，及時
  採取行動，才能防患於未然。

小練習

通過假設性問題來思考

當我們處在不正確的自救迷霧中時，思考就變成一件比較困難的事。不過，困難並不意味著不可能。

閱讀以下四個問題，然後盡可能誠實而全面地回答，這樣有助於釐清思緒，從而做出正確的選擇。找出是哪些因素激發或者阻礙你做出決策，這會對你非常有幫助。

雙重否定的問題（如果我沒有做……可能不會……）回答起來可能會感覺比較吃力，但可以喚起不同的思考模式，讓你從不同的視角來看待事件。

以「自我麻痺」為主題，在問題或者陳述中添加你自己的內容，使問題私人化，符合自己的現實狀況。你可以自由調換焦點，來改變視角和目標。

Q & A 是我給出的例子，可以作為參考。

1. 如果我做了……可能會發生什麼？

Q：如果我想辦法解決酗酒問題，那會怎麼樣？
A：我會擺脫可怕的感覺，慢慢好起來。

2. 如果我沒有做……可能會發生什麼？

Q：如果我沒有解決酗酒問題，可能會發生什麼？
A：我可能會變得更糟，讓我周圍的每個人都不好過。

3. 如果我做了……可能不會發生什麼？

Q：如果我去解決酗酒問題，可能不會發生什麼？
A：我可能不會像現在這樣，身體和心理狀況都在惡
　　化。我不會感到這麼孤單。

4. 如果我沒有做……可能不會發生什麼？

Q：如果我沒有解決酗酒問題，可能不會發生什麼？
A：我可能不會有機會過上快樂而充實的生活，而這些
　　都是我值得擁有的。

這個小練習是為了讓你通過這些看似簡單卻又有些沉重的問題，給自己一個機會來探索和審視自己的處境。回答問題後留意自己的感受，留意這些問答是否能激勵你做一些不同的事情。

禁忌的真相

心理健康和自我麻痺之間的關聯在我看來探討得遠遠不夠。圍繞著這個話題，有非常多的禁忌，它總是帶有一種隱藏的羞愧或是一些「骯髒」的小祕密，但是沉迷於自我麻痺的人也應當得到支持和同情。

當然，在很多情況下想看清事情的本質是很困難的，這種行為的最根本原因，或者叫「應付機制」（coping mechanism），哪怕是最親密的人也無法理解，他們反而認為當事人自己有問題。許多證據表明，每個在自我麻痺的痛苦循環中無法自拔的人，身邊總會有一些深愛的人（往往是他們的家人）也同樣處在痛苦之中。

對那些飲鴆止渴的人來說，和他們生活在一起、結為伴侶甚至只是認識，都無疑是場災難。到了這個時候，為了應付心理疾病而採取的錯誤自救措施本身就是一種被掩蓋或者偽裝起來的疾病。成癮行為還會帶來一系列負面行為，會經常出現幻覺，情緒變化大（經常煩躁易怒），缺乏社交能力（回避眼神接觸，沉默少言），或是在社交場合用力過猛（表現過於激動和刻薄）。同時他的外表也會隨之發生變化，身體發胖、不修邊幅、邋遢，也有可能快速消瘦、面色泛紅、眼窩深陷……所有這些跡象都說明這個人的狀態不是很好。

自我麻痺的成癮副作用開始顯現了。到了這個時候，當事人周圍的親人，甚至當事人自己都已忘了自己最初的樣子，造成現在這種情況的原因恐怕也早就沒人記得，他們的思想已經被成癮行為掌控。

莎拉的故事

我的客戶莎拉（化名）在很長一段時間中都用酒精和毒品自我麻痺——廉價的酒和大麻就是她的選擇。抽煙酗酒長達五年讓她看起來病懨懨的。看到她這樣，我著實心疼。在別人看來，莎拉簡直就是個廢柴，她撒謊、偷盜、毫無信用，也沒有正經工作，只會把自己關在客廳看電視，因為她根本做不了別的事情。

而在這段時間之前，莎拉曾經是一個稱職而受歡迎的員工，她有男朋友和一個可愛的家庭，有正常的社交生活，富足，熱愛運動……人生簡直一片光明。就在這時她發生了車禍，這場無妄之災帶給她嚴重的創傷。雖然皮肉傷及時得到了診斷和治療，可她的內心感受和情緒，卻未能得到重視和恰當的治療。

在往後幾年的時間裡，那場車禍留下的記憶和來自他人的同情逐漸消散，人們回歸了正常生活，除了莎拉本人還留在創傷中。她開始變得憂心忡忡，只要坐車外出就會引發她極度的恐懼，害怕歷史會重演。她開始一次又一次地遭受焦慮和恐慌發作的折磨，情況越來越嚴重，甚至到了只要提到外出就會恐慌發作的程度，於是她更常待在家裡，她的家成為一座安全的避難所，但同時也是她的牢籠。

有時她沒有選擇，還是得外出購買食物和生活必需品，每當焦慮症嚴重發作的時候，她總是一個人默默承受，也不知道該採取哪些治療措施。直到有一天她突然覺得烈酒可能有助於減緩恐懼，就走到廚房，拿起一瓶酒灌下一大口，果然感覺焦慮程度有所減輕，於是她喝得更多了，期望恐懼繼續消減。「太棒了，終於讓我找到了解決方案！」她是這麼想的。在當時，酒精確實是有「療效」的。

　　你可能已經猜到了後面的發展。是的，事態開始失控。很快地，莎拉就需要越來越多的酒精才能減輕焦慮，獲得正常生活的勇氣。每天當她在飲酒後的迷糊中醒來，越是感到虛弱、害怕和恐慌，就越是渴望解脫，所以她又一次找出了酒瓶。

　　莎拉不知道自己出了什麼問題，也無法解決那場車禍帶來的情緒問題，更不知道該向誰求助。家人想要幫忙，但是對問題的關鍵同樣一頭霧水，他們和莎拉一樣感到無助。經過數年與焦慮的抗爭以及錯誤的自我麻痺，她的工作、友情和家庭關係都產生了危機，她的身體狀況也每況愈下。

　　莎拉從一位聰明健康的年輕女性，變成了一個千瘡百孔的酒徒。如果在車禍發生之後她能及時得到幫助，那麼她與現在該有多大的不同啊，至少不會落到如此的境地！

　　莎拉的故事聽起來可能有點極端，不過我並不是要危言聳聽或者說教。我想給你看的只是一個簡單的案例，本來只要通過談

話治療，哪怕只是借個可靠的肩膀痛哭一場，再回到創傷記憶中直接面對恐懼，與創傷達成和解，就能處理掉焦慮情緒，走上完全不同的道路，不會像現在這樣引發更嚴重的問題。但太多人面對焦慮症只會覺得困惑和難以啟齒，用極具破壞力的行為去掩蓋它。說真的，這樣太不公平了！

當人生跌入谷底，唯一的選擇就是往上爬，在接受了一個能解決成癮問題和其潛在誘因的、非常合理的治療方案之後，我很高興地告訴你，莎拉現在已經完全好了，回到了她先前的最佳狀態——當然她的選擇是滴酒不沾。即使偶有放縱，她也知道該如何應對，最重要的是，她知道如何應對她自己。她也知道了該如何和家人、朋友們溝通，如何向他們傳達自己的感受——這正是她在車禍後迷惑不解的地方。

如果你、你的朋友或者家庭成員擔心你可能陷入錯誤自救的深淵，這份檢查清單可能會幫助到你，你也可以分享給你所愛、所信任的人。

自我麻痹的七個徵兆

1. 情緒低落，且這種低落程度有點反常。每天的生活像是例行公事，你並不是非常享受其中，如果非得說有什麼特別的話，每天的任務和溝通給你帶來非常大的壓力，讓你感覺越來越棘手。
2. 開始通過喝酒、藥物，或成癮行為（如賭博、性）來獲得解脫，並且感覺真的有效，你果然覺得好了一些，不

那麼焦慮和沮喪了，壓力也沒那麼大了。

3. 開始不自覺地一次又一次嘗試這些行為，漸漸依賴它們。

4. 成癮行為開始支配你的日常行為。它完全成了生活中的一部分。不受控制的「需求」帶來的羞恥和窘迫感開始內化，你希望隱匿於公眾的視野和輿論中，為此你通過各種掩飾行為和謊言，讓自己成為「偽裝大師」。

5. 依賴行為越來越頻繁，你開始忘掉自己的初衷，放任成癮行為麻木自己的知覺，控制自己的身心，你變得很少在意、考慮其他人，甚至自己。

6. 慢慢地，自我毀滅狀態完全開啟了。成癮行為帶來的羞愧、恐懼、窘迫，和一系列隨之而來的行為以及初始的焦慮和憂鬱，幾乎將你整個人都消耗殆盡。

7. 惡性循環就此開始。你越是為錯誤的自救方式感到羞愧和痛苦，就越是依賴這種方式。成癮行為完全支配了你，而且隨著這些行為越來越頻繁，你的焦慮、恐懼和痛苦也會增加，讓你更加無法誠實面對自己，更傾向於否認現狀。這些行為值得所有人注意。

大膽尋求幫助

我知道，本章內容讀起來並不輕鬆，甚至有點沉重。但我並不是為了製造恐慌或是引發讀者不必要的擔憂。儘管我有數十年與焦慮症患者在一起生活、共同面對焦慮症的經歷，他們無辜地背負著污名，在錯誤自救的痛苦谷底掙扎，還是令我非常震驚。

目前為止我只談到了部分錯誤的自救方法，但正如我在本章開頭就提到的，還有許多行為躲在「自我麻痺」的保護傘之下，包括自我破壞性行為如飲食紊亂（詳見第八章），甚至自殘（詳見第九章），並且在某些情況下，傷害他人也會被廣泛地歸到錯誤自救方法的範圍內。

我們越是能夠接受和幫助那些發現自己走向這條下坡路的人們，而不是帶著厭惡感去冷眼相待和刻薄批判，這個世界就會變得越好——無論如何我是相信這一點的。我們每四個人中就有一個會在生命中的某個階段經歷心理健康問題，顯然它比我們以為的更為常見。我瞭解，這一點也不美妙、不有趣，但這是我們真實的生活，我們能夠貢獻出越多的同情心和幫助，就越有希望把痛苦降到最低。

最後，如果這個章節觸動到了你個人，或者是某個你認識的人，可能是它與你的情感或者經歷產生了共鳴——不要害怕，你並非孤單一人。當我們不知道該如何開口談論自己的感受時，可

能會感到非常孤單和害怕，但是在我的經驗看來，我們是可以尋求到幫助的。別人無法隨時讀懂你的心事，所以勇敢些，讓他們知道你的需求，有的時候你要主動開個頭，事情才能繼續下去。想一想有沒有什麼值得信任的人一起聊聊，或者在相關網站如尋求幫助，也可以去看看醫生，哪怕僅僅是告訴某個人你的感覺，也能讓你盡早獲得幫助，讓事情得到很大的改變，而不是最終落到依靠酒精度日的境地。

你可以做到的，我相信你。

自我麻痺

冰山一角

　　自我麻痺被當作是一種「消極的壓力管理技巧」。至於人們能否真的意識到潛在焦慮是什麼就不一定了。正如安娜提到的，錯誤的自救可能會提供一個短期的解決方案，但是長期來看很可能會導致問題惡化。許多人都沒有發現戒斷症狀與讓自己陷入錯誤自救的焦慮症狀之間的區別。錯誤的自我麻痺只是冰山一角，潛藏在「海平面」下的部分很可能包含了某種形式的焦慮。這些隱藏部分甚至連你自己都很難意識到。如果它們是隱藏的，為什麼識別出來顯得尤為重要呢？

應對錯誤自救的小建議

建議 1——

　　意識到問題存在並且承認它就是應對的第一步。安娜給出的「行為模式偵查日記」小練習就可以幫到你。一開始你可能不接受自己的自我麻痺行為，但這卻是打破你原有「壞」習慣的完美起點。想想該如何為自己的生活添加更多積極的壓力管理技巧。

建議2 ——

如果能夠取得同樣的效果，你會改做些什麼呢？你會把錯誤的自救行為轉化成自我安撫行為嗎？你可以跑步、騎單車、練瑜伽、冥想、正念、園藝、做手工、垂釣、烹飪、聽音樂、玩樂器、欣賞藝術、編織……所有能為你的生活增添樂趣或者帶來放鬆的長期活動都可以。

盡可能及早獲取幫助也是我在針對兒童以及年輕人的工作中常常思考的，尤其是當我成功地幫助他們解決了焦慮困擾時更是會這麼想。我們應該鼓勵孩子去探索並發展出自己的一套焦慮管理的「工具包」，最好還能教會他們隨著年齡增長去調整自己的「工具包」，並增加新的工具，讓他們在往後的歲月裡始終掌握焦慮管理的能力，同樣也要教會他們，談論焦慮是正常的。

不幸的是，家長往往不會就孩子的心理健康問題去尋求幫助，常常是因為他們覺得這是種恥辱。這是一個需要重視的問題，因為半數左右的心理健康問題，包括焦慮，都是從孩童時期就開始的。

7

身體不適
「我全身上下都不舒服」

安娜的緊急修復法

• • •

控制呼吸　到目前為止，你所需要做的最重要的事情就是放鬆自己，讓身體和大腦穩定有秩序地合作。

轉移注意力　將注意力放在其他事情上，動動身體，參加不同的活動。可以做些運動，也可以發展一些安靜的興趣愛好，只要和你平時的習慣截然不同就好。這個方法可以有效幫助你平靜下來，從而減輕焦慮帶來的身體症狀。

向壓力說「不」　當我們意識到自己處於壓力之下，導致身體的不適感加重時，可以做點什麼來減輕壓力，從而緩解身體上的不適。

焦慮真的會引發身體反應嗎？

就像我們知道的，焦慮一直被劃分到「心理問題」的範疇，畢竟這是我們在心理上與感情上會感受到的症狀，但其實也有身體層面的影響。

幾個月前當我察覺到自己的恐懼與焦慮時，最先感覺到的是身體上的不舒服，也想當然地認為是身體原因帶來了這些情緒問題。然而，事實恰恰相反，是心理上的不堪重負致使身體發出了信號。

聽起來是不是很矛盾？到底是身體不舒服導致了焦慮情緒，還是焦慮引發了身體上的反應？這是一個「雞生蛋還是蛋生雞」的難題。

意識到哪裡不對勁，這是我們接收到的第一個警示信號，也許這時我們就應該注意一下自己的身心健康狀況了。在下一章我會著重於可以通過哪些途徑讓身心達到最佳狀態，但是現在，先讓我們來釐清焦慮會引發哪些身體不適。

身體和心理之間的關聯並非我杜撰，在焦慮的症狀表現上，它們有著實實在在的內在連結，且程度不相上下，都包含了從細微傷口到巨大創傷之間的所有情況。有很多像我這樣的心理健康倡導者都很重視這個問題，並致力於讓大眾對這兩種健康有同等

的理解和關注。如同前文中所提到的，在英國，每四個人中就有一個會在生命的某個階段遭遇心理健康問題，我們沒有理由不認真對待。

不幸的是，正如「心理問題」總會被貼上負面標籤，總讓我們想起冷冰冰的精神病院、條紋病人服、牆壁四周裝滿軟墊的病房和危險的精神病患者一樣——我們都看過類似的電影，我們總要花點時間才能想起這樣的常識——事實上並非如此，我們的身體和心理健康都需要得到尊重和理解。它們雖然從不同方面構成了我們，彼此之間卻有著精妙的連接。心理健康應該和身體健康一樣，得到公正的看待和理解，畢竟兩者都有不同的程度。但不幸的是，我們遠遠沒有把心理問題當回事。

舉個例子，看看我們對身體的問題是如何地重視。很多人可以坦承自己胃痛或頭暈（身體上的症狀），然而對感受到的不安、恐懼和焦慮（心理上的症狀）等問題卻視若無睹。焦慮感在身體和心理上都會體現出來，而我們卻更習慣於把心理狀況隱藏在身體狀況之後。大眾對身體問題的接受度也比心理問題更高，這讓我十分擔憂和難過。

那麼，對此我們可以做些什麼呢？不斷提醒自己和他人：身體和心理上的健康密切相關！更重要的是，讓每個人都能更坦然面對心理問題。我相信，我們是可以做到的！

識別出焦慮的身體表現

每年都會有成百上千的人痛苦地衝到醫院，檢查自己是不是有心臟病。他們感覺胸悶、疼痛、無法呼吸。其實，只有一部分是真的患了嚴重的心臟疾病，而大部分人是經歷了恐慌發作。當然，我要強調一句——恐慌發作也非常可怕，只是不像心臟疾病那樣會威脅生命而已。恐慌發作本身並不會置你於死地。

除此之外，讓我們來看看焦慮還會引發哪些身體反應。

- 肩膀疼痛
- 胃潰瘍
- 頭痛
- 偏頭痛
- 四肢疼痛
- 喉嚨問題，包括吞嚥困難和腫塊感
- 手腳發麻
- 頭昏
- 肚子痛
- 腸道問題，比如腸躁症
- 全身疼痛，有時候是某個特定部位疼痛

我們可以採取以下幾種對策：首先，去看家庭醫生或者請教醫學專業人員，將你的感覺告訴他們，這樣既可以安心，又可以

排除潛在的問題。我不建議大家通過網路來診斷，網路上會有許多相互矛盾的建議和無用的謠言，還是小心為妙，尤其是對於那些有焦慮傾向的人來說更要謹慎。因此，與其使用網路搜尋引擎，還不如找醫生做個專業的檢查，聽取專業的醫學意見。

我們也可以使用放鬆和呼吸技巧來減輕身體上的不適感。焦慮的身體表現往往是緊張，我們的身體就像一個彈簧，被不停地擠壓，直到再沒有任何餘地。情緒上的緊張與身體上的緊張是直接相關的，在我們感到壓力和緊張的時候，有多少人想去廁所，我指的是真的肚子不舒服想去廁所？又有多少次我們因為感到焦慮和壓力而緊張性地頭痛，脖子、背部和肩膀僵硬？從我個人看來，這些年裡每種情況我都經歷過。

稍後我會帶你體驗我最喜愛的放鬆練習之一，能夠幫你減輕身體焦慮的嚴重程度，但是首先我想先列舉幾條被一部分人用來應對身體焦慮症狀的方法，以及在哪些時候我們要特別注意，不要極端。

我的腦袋
像一團災難

我的身體
也一團糟

又一次成功
結合了！

離不開的止痛藥

在前面的章節裡，我曾經談到過幾種錯誤的自救方式，尤其是通過酒精、違法藥物及其他成癮習慣，以及我們什麼時候需要對這些破壞性行為加以留意。

身體疼痛和不適時，我們通常會想「服用點什麼」。在很多情況下，這是一種合理的解決辦法。畢竟，如果我們頭疼，去找布洛芬（ibuprofen）或普拿疼是很標準的做法。又或者我們剛做了手術，或者正在被某種強烈的病痛折磨，就需要醫生開立更強效的止痛藥。

然而，有時不自覺地依靠藥物來鎮痛，只會掩蓋造成疼痛的原因，它可能是情緒上的，也可能是身體上的，甚至可能你壓根哪裡都不痛，只是喜歡藥物帶來的麻木、放鬆或者愉快的感覺。

止痛藥的濫用與成癮是個問題，媒體就經常報導名人因濫用止痛藥而產生各種副作用。然而，相較於酗酒或使用非法藥物，服用醫生開的處方藥止痛劑，經常被誤認為「可以接受」。別再騙自己了，朋友。過度服用奧施康定（OxyContin）這樣的止痛藥，會造成跟海洛因一樣的破壞性副作用與成癮。

許多案例表明，服用處方藥的人正在飽受各種心理問題的困擾，包括憂鬱、焦慮、失眠等等，並且如果你服用了一顆藥丸來

減輕或者掩蓋某種症狀，下一次或許就要服用兩顆才能達到同樣的效果。一個人服用某種藥物越多，哪怕是溫和型的藥物，身體對它的耐受度就越高，想要達到原本的效果就需要更大的劑量。

意識到你是否正在利用治療身體問題的藥物，來掩蓋你潛在的心理問題，是自我覺察的關鍵。你要找醫生幫你解決兩件非常重要的事：

1. 對藥物的依賴。
2. 導致藥物依賴的潛在原因。

「懼曠症」

我有一位個案叫約翰，多年以來一直患有「懼曠症」（agoraphobia），任何較遠的地方都會讓他不適，用他自己的話來說就是「緊張到崩潰」。他害怕自己離開了之後就無法回家，擔心當他不在的時候深愛的人會死去，這些擔心更加重了他的焦慮程度。當然，這種恐懼源於他幼年時經歷過的某個情境，一直沒有得到恰當的處理，隨著時間流逝，每一次需要外出時，比方說出差或者參加朋友的婚禮，他就會出現身體異常。哪怕是出發前的準備階段，他也會嚴重地胃痛、拉肚子和偏頭痛。

每一次，他都會從藥箱裡翻幾顆藥丸、藥片來吃，「治療」身體上的不舒服。一旦行程臨近了，他就只好逼著自己去參加。有時候實在是太焦慮了，他也會以「突然生病」為理由推辭，這時症狀就奇蹟般地消失，胃不疼，頭也不痛了。

隨著生活和工作中的挑戰越來越多，有越來越多無法推託的事情，裝病逃避就行不通了，他身體上的疼痛就會再次發作。隨著問題越來越嚴重，吃藥簡直成了家常便飯。到後來，哪怕是沒有什麼症狀或原因，他也會吃藥，只是為了「以防萬一」。他完全被藥物和自己對藥物的依賴控制了。

幸運的是，約翰認識到問題的嚴重性，尋求醫生的幫助。在家庭醫生和治療師（也就是我）的指導下，他成功戒除了對藥物的依賴，也終於開始著手去解決造成問題的深層原因了。

「夜驚症」

另一個故事是關於我親愛的奶奶的。在幾年前，我親愛的奶奶過世了。當然，哪怕是她在世的時候也不會介意我分享她的故事——事實上，她強烈認為像她這個年紀的老年人應該學會去應對突如其來的焦慮和憂鬱，而且她非常支持我在適當的時候說出她的經歷。

我的奶奶是一位內心強大的獨立女性。她受了很多年身體問題的困擾——髖關節疼痛，導致行動不便。９３歲高齡時，她發現自己竟然患上了「夜驚症」（night terror），到了夜晚身體會不住地顫抖，這症狀把她給嚇壞了。我最終推斷出來的原因是，某個夜裡她在醫院目睹了一位老年病人的離世，不到一下子的工夫，用她的話來說，人就被「放進了黑色的拉鍊袋」，然後就要運到停屍間了。

這件事情讓人難過，但在醫院卻是每天都會發生的。我的奶奶雖然身體不便，大腦卻充滿活力，心理極其敏感。她用雙眼捕捉到了每一個瞬間，這件事帶給她的困擾程度超過了任何人的想像。她開始害怕變老，擔心自己行動不便，擔心一個人孤獨地在某個夜晚離世。

離開醫院後，奶奶開始有了嚴重的焦慮和恐慌發作，在夜間尤為明顯。顯然，這是創傷後壓力症候群的某種表現，需要針對性的治療。我找到了根本原因，也努力把她的焦慮程度降到了最低，但在此之前，醫生已經給我奶奶開了許多藥物，其中不少都是針對老年人的，包括安眠藥、用來治療高血壓或心臟病的 β-阻斷劑……有些藥的名字我記不起來了，總之有一大堆！當然了她是按照醫囑服藥的，但她自己很不喜歡這樣。

對藥物的依賴形成了一個惡性循環，服藥第二天的糟糕狀態和藥物的副作用讓她焦頭爛額。許多人也會使用安眠藥來應對焦慮。如果你，或者某個你認識的人，已經開始需要依靠藥物的「幫助」才能入睡的話，那就一定要提高警惕了。

我親愛的奶奶的故事，其實就是一個由痛苦情境直接引發焦慮的案例，這焦慮表現為身體上的不適，讓人以為要用相應的藥物來治療。最後，竟然是我與奶奶的一次深夜暢談取得了奇蹟般的效果。這也驗證了我反覆強調的觀點，身體症狀和潛在心理問題之間有著緊密的聯繫。

我們是不是應該清醒地思考一下，如果我們每天所依賴的看似正常和無害的途徑來應對身體問題，比如吃止痛藥和安眠藥，是否就是在進行錯誤的自我麻痺？

　　下面這個練習是當我的奶奶在夜間身體不適，比如胸悶或戰慄，需要幫助時，我常常會和她一起做的。

小練習

讓身體徹底地放鬆

　　瑜伽愛好者們可能會對這個讓身體和大腦放鬆的方法非常熟悉。這是一個非常簡單但有效的、可以大大降低身體緊張感和疼痛感的方法。記住，你處於掌控地位，任何由心理或者情緒所觸發的身體上的不適，都可以由你來控制。感覺到自己被賦予能量了嗎？你本該擁有這樣的能量，你完全值得！你可以把練習過程錄下來回放給自己看，或者找個朋友一步步地和你一起做，增強練習效果。

> 找一個讓自己盡可能舒適的姿勢。最好是躺下，條件不允許的話你也可以坐著，要盡可能地讓自己舒適。
>
> ▼
>
> 留意背景噪音。如果你無法關掉它，就平靜地接受它。如果你可以選擇一個安靜的房間，只有一些柔和的背景音樂，可能會更好。
>
> ▼
>
> 提醒自己你是安全的，你在掌控著一切，把注意力集中在讓你感到安全的事情上，比方說，提醒自己周圍有你愛的家人，打電話就可以找到他們，或者有很容易聯繫

到的醫生，在你需要的時候就能找到的鄰居。讓自己充分體會這種安全感。

▼

一點一點地，平靜地將注意力放到身體上，依次讓每個部位放鬆下來。

▼

首先，用鼻子進行一次緩慢、深長的呼吸，讓吸入的氣體充滿你的肺部，然後緩慢呼氣。多做幾次，真正地啟動放鬆的過程——正確地呼吸本身就是一種自然的舒壓方法。

▼

從頭頂開始。留意你越放鬆，腦袋越沉重的感覺。隨著緩慢的呼吸節奏，每一次呼吸，你的頭部都會變得更懶散，甚至更沉重，這樣所有緊張的情緒就會釋放出來。

▼

接下來，把注意力放到脖子和肩膀上，依舊保持緩慢而深沈的呼吸節奏，留意每一次呼吸是怎樣讓你的脖子和肩膀釋放它們所承載的壓力的。

▼

重複這項「身體掃描」，從頭頂往下依次放鬆各個身體部位，釋放所有緊張的情緒。在每個身體部位上都稍作停留，頭部、脖子、肩膀、肚子，然後到你的手臂、手

掌、手指，接著到你的下背部和臀部、大腿、小腿、雙腳、腳趾。

▼

溫和地擺動每個可以擺動的部位來檢查緊張不安是否已經離你遠去，這是一種非常好讓自己完全放鬆的方法。

▼

從頭頂到腳趾，全身都走過一遍後，讓自己就那麼躺著或坐著，多待一下，讓感覺停留在此刻。留意自己有多麼放鬆，多麼享受，自己能夠減輕幾分鐘之前還存在的身體症狀。成功的經驗表明你已經完全掌控了焦慮。

你做得很棒！

我的故事

在整本書中，我都盡力做到開誠布公。畢竟，我們對心理健康瞭解得越多越好，而關於疼痛和身體不適的章節也不例外。我認為這部分內容非常重要，因為根據我的經歷，由焦慮和壓力帶來身體上真切的感覺，能夠很好地幫助我理解我所面對的問題，可惜這一點我是事後才領悟的，我多麼希望當時的自己能知道得更多。

我篤信預防勝於治療（當然是在可以預防的前提下），早期的干預真的會讓情況完全不同。如果我能早點知道自己身體上的疼痛和不適與心理狀態有如此大的內在聯繫，我就能做好更充分的準備，更早去尋求正確的幫助了，也許就完全不會有其他的身體症狀了。不過我還是很開心，自己經歷了這一切，所以現在我才能夠從個人和專業兩個角度與你分享我所知道的一切。你看得出我有多樂觀了吧！

那麼，我到底經歷了什麼？和前文裡我舉過的幾個例子有點類似，由於一開始嚴重的恐慌發作（由我特殊的創傷事件所觸發），以及每日的恐懼和擔憂，我漸漸地感到身體上有些不適。每天早晨，我的腸子都像是要扭在一起，伴隨而來的腹部絞痛讓我恨不得立刻衝進廁所。我極力控制著自己，但在電視台晨間冗長的劇本會議當中，這事就會顯得尤其尷尬。

頭痛和頸部緊繃幾乎是我的常態了。我年紀輕輕就曾被醫學專家診斷出有偏頭痛和緊張型頭痛，雖然這些病痛隨著我青春期

的結束而漸漸消失了，但現在不知怎麼，我覺得它們又回來了。問題就在這兒，除非我認真去醫院檢查，否則我會很自然地以為「老毛病又犯了」「吃片普拿疼就會好的」，從而忽略了這背後隱藏的更多問題。

這些看起來無關痛癢的身體問題我沒有對任何人提起，我想自己大概只是節目開始前太緊張了（所以才總去廁所），也可能是頭痛的毛病又復發了，我可以按照以前的老辦法應付，比如吃止痛藥。我壓根沒想過，這可能和正在折磨我、讓我拼命想擺脫的焦慮、壓力和恐慌發作有很大的關係。

當然了，我還是有點懷疑的，只是我沒有細想這種可能性，光是應付這些問題就已經很耗費精力了。如果我能抽出時間來一次正宗的泰式頭部和肩部按摩，關閉手機，讓寧靜舒緩的排簫聲在耳邊迴盪，我就可以體會到一種極少出現的輕鬆感和自由感，最重要的是，我會感到自己正遠離痛苦，回歸自我。這當然只是暫時的掩飾，只要我回去工作一天就完全被「打回原形」了，恐懼、焦慮和巨大的壓力會重新成為我的日常狀態，頭痛、脖子痛和肚子痛一定會再次找上門來。

即便是現在，雖然我已經宣稱比過去更瞭解自己了，但如果我又碰到了難關，或許還是會忘記我現在非常熟悉的抗焦慮法則（畢竟我只是個普通人），焦慮感說不定會重新佔據我的胸腔，我可能會再次體會到被壓垮的感覺。那種熟悉的壓力與痛苦帶來的不適感會再一次體現在我的腦袋和脖子上，腸胃問題也會再次

給我敲響警鐘，提醒我千萬要冷靜。身體的警示信號會讓我調整自己的精神和情緒狀態，我明白這三者是一個相互影響、共同運作的「團隊」。

讓我們再多一些自我瞭解吧！下文中的練習對於我們瞭解大腦和身體是如何共同運作的很有幫助，對於預防或解決負面的身心症狀也十分有益。

釋放身體壓力的小方法

前面說過，我相信在焦慮和壓力感導致的身體不適變得嚴重之前，我們就應該及早解決。

我將在下面的兩個章節裡更加深入地探討我們如何照料自己，在這個章節結束之前，我想先分享一些我親身驗證過的小方法，或許真的能夠幫助你減輕那些惱人的身體不適。

雖然這些方法我全都嘗試過，但它們對不同的人可能會有不同的效果。在採取任何治療方法之前，記得先諮詢醫生，以排除任何不利於你的可能性。

按摩——我非常推薦這個方法。不管是泰式還是瑞典式按摩，都是釋放出身體的緊張、疼痛和不適症狀的極好途徑。

針灸──不是人人都適用，我個人覺得這種療法非常有益於疏通壓力和焦慮，減輕身體的壓力。

　　反射療法──一種足底按摩法。通過對足底某些部位的按壓，可以偵測出壓力和焦慮的所在，然後再進行相應的治療。

　　靈氣──一種非身體接觸的精神療法，利用治療師的能量來幫助身心達到平衡。

小練習

身體語言

　　這項小練習讓我們明白，我們的生理機能（身體語言）中蘊含著大量的訊息。當我們坐直了，肩背舒展，臉上帶著微笑時，我們也就更容易感到快樂、積極，更有掌控感。反之，如果我們駝背坐著，皺著眉頭自尋煩惱，那麼我們很可能會感到失落，缺乏信心或動力。

　　我們「掌控」自己、構造自己生理機能的方式，會幫助我們更加放鬆，減輕身體上的不適，相應地，也會改變我們的內心感受，帶來一個更加放鬆、平衡、身心健康的自己。

　　首先，任意選擇你想要的狀態，比方說自信、放鬆、鎮定、無憂無慮等等。

　　選擇好你要的新狀態之後，開始留意與之相關的感覺和行為。如果你選擇了「放鬆」，可能會突然下意識地做一次深長的呼吸，舒展肩膀，坐在椅子上。

▼

在大腦中想像一個場景，可以讓你多多練習、體會這種新狀態。運用創造性思維（你可以選擇閉上眼睛，讓自己更加集中注意力），將你的想像視覺化。你或許正在客廳，或是在溫馨的廚房，也可能在沙灘上曬太陽……讓想像力帶你到任何你想去的地方，讓畫面盡可能生動逼真，想像自己就在畫面裡。

▼

接著我會讓你「一分為二」——想像有另一個你分離出來，從一個不同的視角來觀察自己。調整這個「全新」的自己：你是否在微笑，你的頭是否高高抬起，你是否舒服地躺著，雙眼閉著，放鬆地吹著風，肩膀是否舒展開來，腿是交叉著還是舒服地伸展著……這是你自己的體驗，因此你要讓自己盡可能地舒服。

▼

接著，讓我們在這個場景中加入一些感覺。既然你的身體狀態非常理想，那就再加入一些與之匹配的心理狀態。或許你能感到頭部和肩部輕飄飄的，非常放鬆，或許你可以想想那些能讓你愉快的小事，能讓你微笑的人，也可以給自己更多的鼓勵和感謝。

▼

最後，我要你將內在感受與身體狀態相連結（想像自己回到了原本的身體裡，用自己的雙眼來觀察這一切），集中你所有的洞察力，親身體驗這個美妙的場景。享受這一理想狀態下的內在感覺，也要讓它真的在身體上表現出來。讓這一切盡可能地美好，並享受它帶給你的所有感覺。完成這個練習之後，深長舒緩地呼吸，並在這一天剩下的時光裡，擁抱這個全新的自己。

　　這個練習可以在短時間裡為你帶來積極的改變。無論是在工作的間隙、還是在家裡甚至在火車上，你都可以練習！要去做一些讓自己的身體和心理感覺不一樣的事情，這樣的意識也會讓你發生很大的改變。每當我感覺壓力來襲時，就會做這個練習，每次都非常奏效，讓我帶著放鬆和信心重新出發。

身體不適

如何應對由心理問題引起的身體不適

　　正如安娜所說，身體和心理是密切相關的，不能將兩者拆開來思考——有身體問題會提高發生心理問題的可能性，反之亦然。

　　當身體上的疼痛和不適成為我們日常生活的一部分時，你可能不會期望心理學上的方法能幫到你。

　　但實際上，即使身體的痛苦程度沒有減輕，通過審視你與痛苦相關的想法和行為，你也可以改變自己對痛苦的反應方式，想出新的應對方法。

　　心理學上的技巧可能不會把痛苦帶走，但會讓你對自己的生活更有掌控感。你在身體狀況不是很好的時候，可能已經有了一些不好的習慣或者陷入了某種惡性循環，但這並不是應對疼痛的最好方式。

安娜在這個章節中提供的小練習會通過放鬆的方式幫助你應對身體上的不適感。經常做這個放鬆練習，能夠減輕你的焦慮，降低由於肌肉緊張而導致的疼痛感（包括頭痛、背痛等等）。

應對身體不適的小建議

建議 1 ——

我的首要建議是先檢查自己有哪些惡性循環。你可以從判斷自己有哪些與疼痛相關的思想、感覺、行為和生理感覺開始。把它們寫在紙上，試著用箭頭把它們連接起來。

比如說，如果你認為「疼痛太可怕了，我承受不了」，你就會非常憂鬱，憂鬱會令你感到疲倦和痛苦，於是，你所能做的事情會更少，這可能會降低你的痛閾，讓你覺得更痛（生理感覺）。現在，開始尋找打破你惡性循環的出口吧。

建議 2 ——

挑戰性的想法可以幫助你找到更加有益和現實的途徑來應對眼下的狀況。如果因為身體上有某種慢性疾病，你所經受的痛苦不會那麼快消失，你覺得自己能學會接受它嗎？

建議3 ——

你要重新思考一下活動和休息時段之間的平衡嗎？在這兩者之間取得平衡可以讓你體驗到更多的成就感和樂趣，也可以多和親近的人待在一起，還可以多休息。你是否可以多做有益的事情（比如增加活動量、分散對疼痛的注意力），少做無益的事情（比如一直想著痛苦的事）？

8

運動、飲食與焦慮

「我做不到」

安娜的緊急修復法

• • •

健康的身體和健康的大腦要齊頭並進　你應該盡可能對兩者同等重視。

計畫、計畫、計畫　這可能聽起來很無聊，但是盡可能提前做好鍛鍊和飲食計畫，可以幫助你養成健康的作息，而不會讓生活變得一團糟。

減輕壓力　除了要對焦慮説「不」以外，也要認識到壓力同時也會影響食慾和運動的積極性。要成為你自己的主宰，要能意識到自己什麼時候需要冷靜。

身體的智慧

　　你可能會疑惑，運動、飲食與焦慮有什麼關係？雖然這並不是一本勸你做深蹲、弓箭步和吃生菜的書，但健康的身體和健康的心理之間的確緊密相關，尤其是近幾年來，越來越多相關資料可以佐證。稍後我會談談食物是如何幫大腦和身體「充電」的，但是現在，讓我們先來談談該如何運動吧。

　　鍛鍊對於改善身體狀況和對抗疾病的好處是眾所周知的。大部分人都曾經（或者將會）被醫生問到平時鍛鍊多少，吃飯、喝水的情況怎麼樣。雖然這個話題有時候聽起來單調無聊，但我自己的確看到了它的積極影響，所以我很重視合理飲食和規律運動，好讓自己遠離焦慮。

　　運動對心理健康非常重要。它可以減輕壓力和疲勞，提高我們的機敏度和集中度，改善大腦功能。正如我們所知，焦慮和壓力都是我們生活中正常的一部分。壓力會影響我們的神經系統、荷爾蒙分泌（比如皮質醇和腎上腺素）、肌肉張力（肌肉緊張會導致頭痛和脖子痛）以及呼吸系統（為了獲取更多的氧氣，我們呼吸起來會非常吃力），我們的身體會發生一系列連鎖反應，我們會感覺昏昏欲睡，身體疼痛、緊繃。但好消息是，「解藥」就在我們每個人的身邊——人體在運動時會分泌一種叫腦內啡（endorphin）的荷爾蒙，它會讓人感覺良好，緩解疼痛，減輕壓力、緊張和焦慮，提升睡眠品質，增強自尊心和自信心。

腦內啡究竟是什麼？腦內啡是一個非常熱門的詞彙，尤其是關於運動的話題，但大多數人並不特別確定它是什麼。在這本書裡，我會盡可能用淺顯易懂的方式解釋。

我們的大腦裡有許多神經傳導物質（neurotransmitter），它們就像是一個小小的化學信號傳遞者，向身體的其他部分傳遞訊息。運動會觸發這些神經傳導物質，釋放出腦內啡這種化學物質，它是天然的止痛藥（類似於緩解疼痛的麻醉劑），會帶來興奮感和幸福感，是一種不需要去藥房購買就能得到的對抗焦慮和憂鬱的神器！

還有個好消息是，我們聰明的大腦還掌握著其他的「快樂化學物質」——多巴胺、血清素和催產素，同樣能讓感覺變良好。

- **多巴胺（Dopamine）**是一種有激勵作用的化學物質，在訂定、達成目標和成果認定方面扮演著重要的角色。確保你依照這個途徑來慶祝成果，是讓多巴胺保持健康自由流動的關鍵。
- **血清素（Serotonin）**是一種能增強自尊的化學物質，當我們感到自己非常有意義、很重要、有價值的時候會被激發出來。練習感恩真的有助於觸發這種物質，多在戶外曬曬太陽，多生成維生素 D 也有同樣功效。
- **催產素（Oxytocin）**是一種與愛和依戀感有關的化學物質，負責增加親密度和信任感，建立健康的關係。給他人一個擁抱可以產生這種荷爾蒙。

人類的身體多麼聰明！你知道腦內啡是一種多麼神奇的應對焦慮的藥物！通過有規律的運動，稍微提高心率，我們就可以明顯緩解自己的焦慮了。何樂而不為呢？

　　在這裡我要闡明的是，我並不是說通過飲食和運動就能治好你的焦慮症，但是從我個人的經驗和專業的角度看來，它的確會對你的心理狀態有很大的影響，常常會把你的注意力從焦慮和壓力帶來的煩惱中轉移出去。我的變化真的要歸功於一次身體上的改造，包括開始鍛鍊（在這之前，我只會癱在沙發裡，拿著電視遙控器不停地換台）和選擇更為健康的食物，這些改變極大地緩解了我的焦慮症狀，因此我將這些改變一直保留到今天。每日到戶外步行，哪怕只有十分鐘的時間，也真的能夠幫我改善情緒，讓我更加集中注意力，並且更容易放鬆，所以我早上起來的第一件事就是散步，有時也會安排在晚飯之前——我們都抽得出這十分鐘的時間。我也會保證正常的一日三餐，中間會吃一些健康的小零食，來維持充沛的精力。這樣規律而有節奏的生活，能幫我及時排解掉一天的壓力，不讓它有積累的機會。

　　運動對我們心理健康產生影響的程度和持續的時間因人而異，也與我們選擇哪種運動有關，但是通常來說，不論你是跳一個小時魔鬼式健身操，還是快步走十分鐘，效果都是一樣積極而持久的。規律的運動模式對你是很有好處的，能緩解焦慮、釋放壓力，改善情緒低落狀態。一項由美國焦慮和憂鬱研究協會（Anxiety and Depression Association of America）進行的調查表明，經常參與一定強度的規律運動的人——我指的是可以讓你出

汗的有氧運動或者有利於心血管健康的運動，比如跑步或者跳繩，在未來五年內患上焦慮症或者憂鬱症的機率會降低２５％。

運動也會帶來另一些好處——改善體型和外貌（消腫、塑形、讓髮質和膚質更健康），降低體重（如果你有減重需要的話），增強個人魅力，從而提升你的自信心，甚至會讓你自我感覺格外良好——而這恰恰是你要用來抵禦焦慮的東西。

運動真是好處多多，對不對？但是萬一你不喜歡運動呢？萬一想到要穿上運動鞋和緊身褲你就害怕呢？好吧，先別怕，還有許多不同的鍛鍊形式，不僅會提升你的心率，還會增強你鍛鍊的積極性。讓我們來一起探索吧！

行為改變的跨理論模式

我曾經無數次聽到這樣的話：「我也想早起鍛鍊，但就是沒有精神，也沒有動力。」「（運動）聽起來很棒，但是我太累了，沒有時間。」說真的，這些時刻我們都曾經歷過。正如我在之前章節中所說，焦慮、沮喪和壓力往往都是相互牽扯的，我們最不想看到的就是這些困擾一起來折磨我們（尤其再加上失眠的困擾），那種彷彿自己完全被碾碎的感受，我完全理解。

「主動選擇改變」是幫助自己擺脫困擾的關鍵。當我遇到急

切地想要控制焦慮、不讓它將自己吞沒的個案時，我常常會提供這一建議。美國羅德島大學（University of Rhode）心理學教授詹姆斯・普洛查斯卡（James O. Prochaska）曾提出過行為改變的跨理論模式（Transtheoretical model），清楚地說明了我們是如何做出改變的，以及從長遠來看改變會給我們帶來什麼。

簡言之，人的行為改變分為五個不同的階段，我們可以對照自己的情況，瞭解自己的需求，以及如何將改變落實到行動。這五個階段是：

1. **懵懂期**（Precontemplation）——你對改變持抗拒態度，不準備改變，或者只承認可能有一些事情需要解決。
2. **沉思期**（Contemplation）——你已經在思考是否要做出改變。
3. **準備期**（Preparation）——你做出了改變的決定，開始進行小小的嘗試，看看情況可能會是什麼樣的。
4. **行動期**（Action）——大膽行動！訂定改變計畫並實施，努力達成既定目標。
5. **維持期**（Maintenance）——確保目標和動機足夠強大，使你未來可以將改變繼續下去。

瞭解自己處於五階段中的哪個階段，可以明白我們究竟需要什麼，何時需要，以及它最終會帶給我們什麼，這也是做出改變的所有要點。比如說，如果我們能對自己誠實的話（這一點非常重要，如果我們都不能對自己誠實，那還能對誰誠實呢？），就

會承認或許我們還處在改變的第一階段（懵懂期），我們需要的是調整心態，讓自己前進到第三階段（準備期）或者第四階段（行動期）。

我們應該如何把自己的心態從「我才不想改變」轉到「我可以改變」？答案是訂定一個不可動搖的計畫，讓自己堅定地執行，就是這樣。

尋找適合自己的運動方式

我說過，找到自己感興趣的體育運動真的非常重要。別太苛求自己，最重要的是，別太脫離現實，如果你平時做得最多的運動就是用微波爐熱熱飯的話，那麼一開始就報名全程馬拉松絕對是不切實際的，至少不應該是你目前首選的運動。

當然，我不是說你就一定跑不了全程馬拉松，事實上在我自己跑過之後，我真心誠意地建議你以後去試一試，但是現在如果你想放鬆下來，做一些溫和的、可以抵抗焦慮的運動的話，那我要推薦你從一些不那麼具有挑戰性同時又非常有趣的運動開始。

有氧運動因為有釋放腦內啡的效果，一直以來都受到人們的推崇。你要考慮一下哪種運動方式更適合你或者更讓你感興趣，能讓你的心跳和呼吸頻率比窩在沙發更高一點，同時還能讓你在

小練習

我做得到！

　　這個小練習跟第三章的小練習「訂定計畫，實施計畫」類似，你可以用第三章的模板，將目標替換成聰明的鍛鍊與飲食即可。也可以用下面這個方法。

擬定目標——

　　寫下你計畫「去」做的目標，請注意，我說的是「去」做，而不是「想」做。也許是選擇一項運動或嗜好，一周進行一次；或是周末遛狗；或是不搭電梯走樓梯。

行動——

　　你可以透過結交朋友、參加課程等方式增強你的動力。將計畫寫在行事曆上、設計手機提示、或寫在便利貼上貼在浴室鏡子前，這樣你就不會錯過或忽略它。盡最大努力提前準備任何你需要的東西，例如衣服、裝備與交通工具。

享受——

　　找到適合的活動很重要，有助於持續且堅持長期目標。探索各種運動或嗜好，只要能稍微激起你好奇心或慾望，都去試試。

運動過程中出一身汗。別忘了在開始一種新運動之前諮詢一下醫生或醫學專家，得到他們的許可再開始。

你可能會感興趣的有氧運動包括：

- 室內／室外慢跑
- 室內踩飛輪／室外騎自行車
- 游泳
- 散步
- 踏板有氧運動
- 跳繩
- 水上有氧運動
- 槓鈴有氧運動
- 壺鈴訓練
- 有氧拳擊
- 舞蹈，如 Zumba、Salsa 或街舞
- 輕量級的阻力訓練（resistance training）

可以釋放腦內啡的運動不止這些，你還可以報名各種俱樂部或者參與團體運動，都是以社交的方式來運動的好途徑。你會發現身邊有許多運動場館願意歡迎團隊運動的加入，你甚至可以玩到哈利‧波特最愛的運動──魁地奇球賽！

可以嘗試的團隊運動有：

- 籃網球（netball）
- 足球
- 網球
- 空手道
- 五人足球（Five-a-side football）
- 排球
- 籃球
- 躲避球
- 壁球
- 羽毛球
- 曲棍球
- 板球

　　如果你不想像裝了強力電池一樣跑個不停，還可以選擇一些不太劇烈，但也能帶來很強的抗焦慮效果的有氧運動，包括：

- 步行（包括快步走和休閒散步）
- 瑜伽
- 皮拉提斯
- 芭蕾
- 太極拳
- 低強度游泳

　　以上列舉的只是一些讓你改變想法、開始運動的「破冰」小建議。你可以嘗試看看自己究竟喜歡什麼，哪些能激發你的興

趣、哪些你壓根都不會去碰。無論你嘗試了１還是１００，都沒有關係，重要的是你能夠在嘗試的過程中找到自己真正喜歡的東西。

也許你幻想自己是下一個碧昂絲，那為什麼不考慮報一個舞蹈班？如果你總想找回青年時代那個愛踢足球的自己，不妨就去詢問一下本地的足球俱樂部或休閒活動中心，甚至找你的公司同事就能組成一支業餘足球隊呢！也許一想到可以做出媲美瑪丹娜的瑜伽姿勢你就會很激動。那就上網搜尋一下你的住所附近是否有瑜伽教室。

無論你選擇何種方式運動，是在花園散散步，每周一次騎自行車上班，還是在健身房辦了會員卡參加全方位運動項目，都要記得你所做的事情是有益健康的，包括身體健康和心理健康——你已經走在了打敗焦慮和憂鬱的道路上。你做得很棒！

將運動、飲食與心理健康結合在一起

為了減輕焦慮，這幾年我嘗試過不少運動，再加上我的先生是健康與健身專家，知道如何將運動、飲食與心理健康結合在一起，充足了我在這方面的知識。但過去的我並非如此。

２００６年，我每個月花７０英鎊加入了一間健身房。但我常常會在更衣室準備半天才出來，先在跑步機上小跑一下，再隨意邊看電視邊做幾個仰臥起坐，然後說服自己已經有鍛鍊到了，收拾東西離開。然而，長期疏於照顧生理上的健康，逐漸對我的心理造成影響。

此外，在電視台工作的時候，我經常和同事一起享用午餐。大吃一頓，喝杯酒，然後回頭繼續工作。因為中午沒有休息，疲倦感讓我昏昏欲睡，也影響了我的專注力。長期沉迷於高熱量飲食再加上缺乏運動，逐漸影響了我的心理健康，最終導致了那個「崩潰日」。

　　在看過醫生，了解自己的狀況後，下一步就是調整我的飲食與運動習慣，因為身心是息息相關的。而我在私人教練的幫助下改變鍛鍊方式，並定期規律運動後，的確很大程度地改善了我的焦慮狀況。

　　一直到現在，我都保持著規律運動，並且盡可能讓運動內容多樣化，像是槓鈴有氧、瑜珈、慢跑等，藉此激勵鼓舞自己堅持下去。你也可以多方嘗試，找出你最喜歡、最適合你的運動方法，讓健康的鍛鍊成為日常生活的一部份。你也可以邀請好友、同事一起鍛鍊，這也是消除焦慮的好方法，我就經常和我先生一起散步或慢跑。

　　接下來的練習，將有助於你保持積極主動。

小練習

行為標尺

　　我們把行為的改變想像為一隻尺，它的一端是「後退」，另一端是「前進」，就像這樣：

後退--前進

　　這項練習就是通過對比「行為標尺」的兩端，創造出強烈的改變動機，並建立起一套有效的動力機制，讓我們盡可能遠離舊有的、消極的想法、觀念和行為，憧憬新的目標、計畫和想要達到的狀態，從而產生強大的前進動力。

　　比如，我要在腦海中對「原有的我」建立一個鮮明而穩固的畫面：沒有適當運動的時候，我是多麼反應遲緩、病態且消極，這對我的身體和情緒有多麼大的負面影響。我盡量把這一切想像得糟糕又可怕，這樣就會有非常強烈的願望，想要盡可能地遠離這種狀態。想像的畫面越清晰，遠離的動力就越強大。

　　與此同時，這種「遠離」會推動我靠近「行為標尺」的另一端。我現在想要創造出清晰而美妙的「改變後」的畫面：有了健

康的運動習慣會讓我有怎樣的感覺？想像一下我看起來多麼睿智和陽光，可以做出一個大大的微笑表情來感受一下。要讓這種「改變後」的畫面盡可能明亮、鮮艷，激動人心。想像的畫面越美好，就越有誘惑力。

　　你可以自己嘗試一下。創造自己的「後退」和「前進」的形象、想法和感覺來進行試驗，尤其是要讓「前進」的動力盡可能積極而強大。讓「行為標尺」的兩端離得越遠，我們就越可能「前進」，越能讓新的習慣持續下去，得到一個更加健康、開心的自己。過去的都已經過去了，讓我們專注於創造一個美好的未來吧！

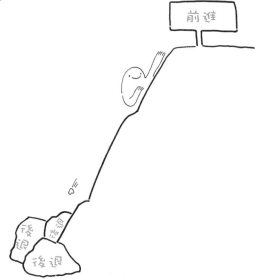

當心運動成癮

　　到目前為止我談的都是運動怎樣對我們的大腦和身體產生積極的影響，但是有的時候運動也可能會對健康產生反作用，這就又要說回到「自我麻痺」的部分了（見第六章）。

　　運動，這個一直以來被我極力推崇的焦慮應對良藥，竟然時而也會有副作用，這聽起來可能很奇怪。因此我在這裡要闡明的是：當我們選擇以運動對抗焦慮時，要確保自己關於運動的思考、感覺和練習都在健康的尺度之內。

　　我在之前的章節中提到過，人們會以不太恰當的方式來對抗焦慮，比如嗑藥、酗酒、賭博、自殘等等，而正確的自救方式，比如運動，卻不怎麼為人所知。當然，健康而有規律的運動和運動成癮之間也會有一些區別。過度運動也會引起戒斷症狀，如情緒低落，焦慮和煩躁，也許只有在再次開始運動後才會感覺好點，但也有可能因此忽略身體的疲憊，過度鍛鍊，反而對身心造成更多的壓力。

　　健康而有規律的運動會釋放出腦內啡，會讓我們感到異常愉悅並且充滿活力，獎勵大腦的化學物質多巴胺也會在運動過程中得以釋放，這和其他的自我救助形式有著類似的效果——都會激起愉悅感。這種良好感覺的釋放，會使運動成為習慣和需求。

　　運動過度則可能起到反作用。過度的運動會引起戒斷反應，比如情緒低落、焦慮和煩躁，這種情況可能只有再次運動才能得到改

善，於是我們往往不顧已有的疲勞和虛脫感，繼續投入更高強度的運動。這樣不僅無法提升個人的健康狀態，反而會產生負面影響。

有運動成癮風險的人們，當他們經歷困難的時候，可能就會用這種過度的行為來作為他們對生活施加控制的一種方式。可能是處理家庭、工作、人際關係中的問題，或者是應對內在的衝突，都可能導致運動成為他們生活中最重要的事情，成為表達壓抑的感情，或者阻礙表達的一種方式。

這裡我要闡明的是，運動是一種非常棒的管理焦慮和壓力的方式，但是如果你對運動的需求變得大於你管理自己的感覺、想法和日常生活的需求，那或許是時候應該停下來，先去看看醫生，學習一些其他的應對方式，獲取更多的幫助和建議了。

飲食困難

如果我們想以運動這種積極的方式來改善情緒、釋放壓力的話，也就需要以恰當的方式為我們的身體補充「燃料」。選擇正確的食物和飲品，是身心健康和幸福生活關鍵所在。

但是，當我們緊張或焦慮時，常常會在「吃什麼」這個問題上難以選擇。這種現象很常見，我敢肯定大部分人都體會過，比如某次考試中、你的婚禮上、飛機起飛之前……在壓力或焦慮悄

然來襲的那一刻，消化系統會暫時性地關閉，唾液會乾涸⋯⋯正如我們在前面討論的，焦慮有非常真實的身體反應。

當我恐慌、焦慮、壓力重重的時候，我會連續幾周都無法正常進食。我彷彿要窒息，喉嚨裡就像有個腫塊（其實並沒有），我口乾舌燥，喝再多的水也無法幫助食物下嚥。我的體重很快掉了下來，雖然這得到了不明內情的朋友和同事的羨慕與稱讚，但這是一種非常諷刺的讚美。一方面我知道自己真的變瘦了（這對於數個月沉迷於高熱量食物的我來說可不是件壞事），但我也知道這是通過最不健康和最具傷害性的方式獲取的，也就是說，我幾乎不怎麼進食了。

有大量案例證明，吞嚥困難（dysphagia）以及臆球症（globus pharyngeus，即喉嚨異物感）都與焦慮有關聯。這兩種情況都在我身上出現了，這也是我後來才知道的。

吞嚥困難的表現是進食或飲水的時候會咳嗽或有窒息感，經常反芻，常有食物堵在喉嚨或胸腔的感覺，唾液分泌過多。還有一些健康問題也會有類似的症狀表現，因此去醫院做正式檢查非常重要，醫生會給出最專業的指導和建議。

臆球症是指一個人總覺得有腫塊堵在喉嚨，但實際上什麼也沒有。這雖不會影響進食能力，但是會引起患者不必要的擔憂。壓力和疲勞可能是臆球症的主要觸發因素，所以要遵循醫生的意見，用適當的方式來放鬆自己，以消減這種不適感。

與焦慮相關的飲食障礙

我們可以通過攝入（或不攝入）某些食物來自我治療，但是飲食障礙，例如神經性厭食症（吃得很少）、貪食症（吃了再吐掉）和暴飲暴食，有時會悄悄地找上我們，且它們大多和焦慮相關。我的飲食障礙恰恰也是在恐慌症最嚴重的時候出現的，幸好我及時意識到了這個問題，並很快克服了它。

我的問題完全是進食通道「被阻塞」，我還是想要吃東西的，然而，許多焦慮的人會發展出對食物的依賴，並會用食物來面對問題。由於「戰鬥、逃跑還是原地不動」的生理反應（我們在第一章中解釋過），焦慮往往會影響我們的食慾，然而對有些人來說情況完全相反，他們會從食物中找尋慰藉，讓自己分心，會將食物作為應對負面情緒的一種方式，或者安慰自己的一種獎賞。他們並不是真的餓了，而是嘴裡塞滿食物可以帶來短暫的慰藉，掩蓋住壓抑的情感。

飲食障礙往往伴隨著焦慮和恐慌，患者會通過對身體做出控制、放鬆和強迫性動作，找尋短暫的安慰和愉悅感。用食物作為應付機制可能會給身體帶來很大的影響和傷害，長此以往後果會非常嚴重。因此，一旦你因為焦慮而出現飲食障礙，一定要去正規醫院尋求專業的幫助。

補充「燃料」的正確方法

顯然，食物本身是無辜的。它讓我們成長、壯大，對於我們的生存尤為關鍵。沒有了從食物中攝取的營養，就很難成為現在的我

們，因此我們必須以正確的方式來為身體和心靈補充「燃料」。

除了身體狀況外，營養狀況和心理健康也與飲食有著密切的關係，有些食物被譽為「心理健康的輔助劑」，可以幫助我們應對情緒低落、憂鬱、焦慮和壓力。也有一些食物是我們要避免的，因為會加重我們的焦慮。

不建議常吃的食物

經過加工的白色食物（麵粉製品）——比如麵包、麵條、洋芋片等精緻澱粉。這些食物營養價值不高，雖然不會增加焦慮，但會讓我們感到懶散，因為我們正努力吸收營養，來為身體和精神提供動力。

油炸食品——比如典型的英式早餐、外賣食品。這些食物通常很難消化，營養價值也不高。如果你的身體吃不消的話，這些食品對你的健康也無益。

精緻高糖食品——比如蛋糕、餅乾、甜點、碳酸飲料。這些食物就像興奮劑一樣，會讓我們緊張不安，一旦這種興奮感消退，情緒又會低落下來。

咖啡因和酒精——比如咖啡、功能性飲料、雪碧、啤酒、葡萄酒。這些刺激物會使身體脫水，毒素堆積，心率加快，興奮感消退後會使我們情緒低落、憂鬱和焦慮。

全麥食物──比如全麥麵包和義大利麵。這類食物富含**礦物質鎂**，可以達到抵抗焦慮的作用。

Omega- 3 ──比如鮭魚和其他高脂魚類、酪梨、雞蛋，這類食物對心臟和大腦的健康非常好。

天然狀態下的堅果（未經烘烤等加工的）──如杏仁、核桃，富含鋅元素。

漿果──如藍莓、巴西莓，富含植物營養素。

草本茶──如洋甘菊花茶、綠茶，可以幫助我們放鬆、舒緩壓力。

大量飲水──可以幫助我們減緩焦慮和壓力的程度。

其他可以考慮的有：

植物性營養劑和維生素──可以有效補充營養，改善你的情緒，但要記得服用之前先進行徹底的研究，徵詢醫生意見，尤其是當你還在服用其他藥物的時候。對於其有效性，醫生會給出不同的觀點。這裡還有一些我個人對抗焦慮的良方，但不一定適合每個人，其中包括：

硫酸鎂瀉鹽浴（magnesium and epsom salts bath）——有助於減輕肌肉緊張。

維他命B群，包括 B1、B3、B5 **和** B12——有助於控制血糖和乳酸，這些都會導致恐慌發作；同時也有助於產生促進睡眠的血清素。

肌醇——有助於產生血清素，降低焦慮和壓力。

當然，還有不少稀奇古怪的治療方法，這是好事，只要我們遵循「凡事要適度」的原則，大部分時間都遵循健康的飲食計畫，就能很好地滿足身體和心理的需求，讓焦慮症狀逐漸消退。

健康飲食小訣竅

備餐要充足——買一大塊雞胸肉、牛肉餡或者植物素肉（或其他你喜歡的）一次烹熟，做成你喜歡的健康餐（網上就有許多食譜，你也可以在烹飪書裡找到做法）。把做好的東西分裝進幾個密封保鮮盒裡，放進冰箱冷藏室，每天帶一盒去上班，這樣你就不會在午飯時跑到附近的油炸食品店裡了，下班回家後你也可以取出一盒作為晚餐。當你忙得沒時間做飯時，這種方法可以讓你少點不健康的外賣。

健康零食隨身攜帶——我們都會時不時地被飢餓感侵襲，這時最好不要跑到販賣機旁來一條含糖的巧克力棒，你可能會短暫地獲得高能量，但是緊接著就會不可避免地情緒低落了。其實你可以每天早上帶個小餐盒，裡面放些能夠緩慢釋放能量的零食，比如葡萄、鷹嘴豆泥、胡蘿蔔條、自製的燕麥棒或燕麥卷、香蕉或者是燕麥餅乾。

多喝水，隨時喝水——保持身體水分充沛的狀態真的有助於避免焦慮。那些焦慮的人往往也是處於脫水狀態的。記得隨時帶一瓶水在身邊，養成主動喝水的好習慣。我們每天應該喝兩公升左右的水。

小練習

飲食日誌

　　我們常常會一不小心忘了自己吃過什麼或沒吃過什麼。多留意自己的飲食，確保身體獲得足夠的營養是非常重要的。

　　你可以使用一些手機程式來追蹤和記錄日常飲食，也可以用傳統的日記形式進行追蹤記錄——當心不要太過糾結或迷戀於記錄本身。

　　找一個日曆，或在廚房裡準備一塊黑板，或者就是一支好用的鋼筆和一個舊本子，大致劃分好每周的七天。

- 把每天分為早餐、午餐、晚餐和零食、飲料。
- 在睡前寫下當天你吃掉和喝掉的東西，這是重要（且艱難）的部分：一定要如實記錄！
- 記錄下你所吃食物的品質和頻率，適當微調，以確保營養平衡，並且盡可能多地食用一些能夠抵抗焦慮的食物。
- 一但你熟悉了這種記錄方式，不妨提前計畫，在下一周的表格中寫下你準備吃的東西。這會幫助你將正確的食物選擇變

為常態，不至於到最後一刻面對「我今天該吃什麼」的問題倉皇做出決定。

- 你可以和朋友或伴侶分享你的食物日記，提高你的動機與責任感。

瑞塔博士說……

飲食、運動和食慾

給自己的適當的獎勵

對於「如何擁有健康的身體」這個問題，我們的生活中彷彿充滿了兩難的抉擇。哪些是正確的食物，如何充分地鍛鍊，在飲食和運動兩方面我們想要實現什麼樣的目標……每個問題都有太多的訊息需要我們處理，其中有些訊息是相互衝突的，有些是模糊不清的，因此我們很難決定究竟怎樣做才是對自己最好的。

做出正確的決定，積蓄動力，然後推動生活方式改變，這不是一個容易的過程，反而不加任何思考就放棄好的生活習慣倒是件簡單的事。許多人都會這樣，先是創造了好的開始，然後就陷入壞的習慣中，而這個過程往往會影響一個人的自信、自我形象和自尊。

想一想，解決以上某個問題會成為你實現飲食和運動目標的關鍵嗎？你是否可以，比方說，多多鼓勵自己而不是自我批評呢？

安娜談到了「積極改變」的話題，這在評估從什麼時候起改變生活方式時非常有幫助。一旦你覺得自己「準備好了」，就注意觀察自己的態度。為了讓你更加相信自己是一個可以做出改變的人，你需要體驗成功的感覺，你的目標必須明確並且可以實現。想一想有什麼合適的獎勵，讓自己可以持續地為了實現目標而努力。

飲食與運動小建議

建議1·加入情緒評價——

安娜的練習「飲食日誌」有助於你瞭解自己的飲食模式。我的建議是為這個「飲食日誌」添加一項對於你情緒的評價，這會讓你更清晰地看到你所選擇的食物和你的情緒之間的聯繫。你很可能會注意到情緒在影響你的飲食模式，或者反過來，食物會觸發你的某些情緒。

建議２·做正確的加法——

與其限制自己不吃什麼，倒不如想一想吃什麼——把健康的食品加入飲食清單中去。

建議３·替代性行為——

運動對於情緒的促進作用已經是一個無可非議的事實，而且大部分人都認為運動後感覺會更好。人們常常糾結的是如

何找出運動的時間和動力，以及如何戒掉壞習慣。你的壞習慣可能是晚上癱在沙發上看電視，或者舒服地吃著不健康食物（甚至兩者皆有）。一旦你意識到自己的不良習慣並且決定改變，那就用替代行為（比如運動、吃健康的零食）來取代原有行為。如果你可以堅持一段時間，你很快就能培養出一個更加健康的習慣。

9

你並非孤單一人

「感覺好多了」

瓶 中 裝 有

情感

警告：
瓶內高壓，小心爆炸！

安娜的緊急修復法
• • •

告訴他人你的感受　一味壓抑只會讓自己的情緒問題越積越多，最終會以更強烈的形式爆發出來。最好可以找個值得信賴的人適當地聊一聊。

把心裡話寫下來　如果向他人傾訴對你來說比較困難的話，也可以嘗試寫下來。

與他人產生共鳴　正如本書一再強調的，許多人都會在生命中的某個時間點與你擁有同樣的感受。讓他人瞭解你，會讓你的心理狀態更健康且感覺更好。

勇於分享你的問題

你一定聽過這句老話 ：「一個問題兩人分擔，問題就只剩一半。」也就是說，把你的問題與他人討論，那樣就會多一個人來思考可能的解決方案。當然對方不一定真的能給出解決方案，但與別人聊天，分享你的感受，卸下內心的包袱，會減輕你的心理負荷。

談話——聽起來很簡單不是嗎？但說實話，你曾有多少次感到厭煩或惱怒，想要哭叫著尋求幫助或表達懊惱，這感覺就在嘴邊，但就是被卡住了，無法從胸腔里發出來？這是一個正常而又自然的反應，卻會讓我們非常沮喪和煩躁。為什麼當我們想說些什麼的時候，總是會「卡住」呢？

我們常常會擔心，不知道別人會怎樣反應，這是完全可以理解的。有時候我們很難找到準確的語言來表達內心，尤其當我們並不習慣於公開、坦誠表達的時候。

將我們真實的所思所想傳達給別人，這是最艱難的任務，畢竟我們大腦裡固有的想法都非常獨特、隱秘，並且能夠給我們安全感。把這樣的想法說出來會很自然地引發人的脆弱感，讓人覺得可怕，因為我們無法百分之百地保證自己會得到想要的反應。

我們擔心自己沒有得到嚴肅認真的對待，擔心別人告訴我們

「該幹麻就去幹麻，別再抱怨了」，或是被人看作瘋子、怪人，我們也擔心自己的煩惱給別人增加了負擔。我們不敢對家人、伴侶完全敞開心胸，害怕他們不再覺得我們有趣，反而給我們貼上「無聊」「麻煩」或「古怪」的標籤。

我希望本章內容能夠緩解你在這方面的焦慮和擔憂。通過我的個人經驗，以及日常我與個案和社交媒體粉絲的溝通，我發現解鎖溝通技能（是的，溝通的確是一項技能，我會幫你磨練這項技能），提升自信心，更有效地與他人分享生活中發生的事情，的確可以緩解焦慮，為你所有的心理需求提供幫助和支持。

合適的談話對象

我要解釋一下我所說的「談話」究竟意味著什麼。我指的是任何能夠達到溝通效果的方式，比方說紙條、畫畫，或者就是字面意思的「談話」。

識別出合適的談話對象非常關鍵。想想生活中哪個人是你可以相信的？你有沒有能夠認真傾聽你說話的伴侶或是家庭成員？有沒有某個很要好的朋友或者同事，是富有同理心的傾聽者？你的私人教練或友善的鄰居呢？如果你在自己親近的朋友圈裡找不到這樣的人，也不要絕望，還有許多其他的選項可以考慮。

家庭醫生或醫學專家就是一個很好的起點，但最好事先調查一下他對你是否合適。當談及心理問題時，你多半會向對方釋放出內心最深處的情感，這時，醫生以什麼態度對待病人，是否訓

練有素、通情達理，就顯得非常重要，讓你盡可能地感覺舒服、被尊重是非常重要的。

我無意批評醫生——他們簡直救過我的命，我也有很多極具天賦的朋友在這個領域工作，他們對待工作和病人都非常熱情。但我也聽說過身邊真實的故事，有人鼓起了所有勇氣去尋求幫助，卻只見了醫生八分鐘就被打發走了，他們迫切需要的同理心和指導都沒有獲得——光是找到合適的詞語來表達自己的感覺就不止需要八分鐘了。

我的一個個案在屢次被家庭醫生推遲碰面後，找到我求助。在幾個月的恐慌發作之後，他才鼓起勇氣找醫生預約，想把內心積壓的焦慮和憂鬱傾吐出來。當醫生粗魯地告訴他「我沒有時間來處理這個」，以及「下周再來要重新預約一次」之後，他幾乎沒有勇氣再開口來尋求幫助了。

這樣看似「冷落」的行為，讓我的個案覺得自己受到了嚴重的拒絕和敷衍，他覺得自己成了浪費醫生時間的人，就又回到了長達六個月的恐慌發作的深淵裡。他當然不是這樣的人，我也肯定醫生沒有這個意思。如果他碰到的是一位富有同理心並且願意傾聽的醫生，事情會有多大的不同！

當然，我也要為醫生辯護一句，他們的時間是有限的，有太多病人要處理，我完全理解緊湊的安排是讓系統運轉起來的重要因素。這似乎是一個進退維谷的局面。

該怎麼辦呢？儘管有這些不愉快的可能性，我依然強烈建議你將家庭醫生作為談話的首選對象。他們有充沛、優質的資源可以調動，如果你需要其他服務和幫助的話，也可以得到滿足。家庭醫生也可以在適當的時候提供抗焦慮藥物，並監督藥物使用。

幸運的是，醫學界也意識到了心理諮商的重要性，現在心理諮商已經成為醫療服務中越來越重要的組成部分。

談話治療

當然了，你不是非得找家庭醫生尋求幫助，你可以想想有什麼替代的人和機構，可以讓你獲得適當的支持。

選擇一位好友或是可以信賴的家庭成員陪你一起去諮商，往往是最佳選擇，最重要的是對方能幫你保密。他們的支持和同情可以帶給你鼓勵，讓你敢於去尋找更適合你和更專業的幫助。我發現在初次預約諮商的時候帶上一位女性密友，即便她只是在車裡或等候室裡等著，給予你精神上的支持也足夠給你安慰了。

談話治療包括心理諮商、心理治療、精神病學、認知行為治療、神經語言程式學、催眠療法和正念……這些都是可以由私人提供的服務（這些治療方法的詳細說明可以在前文找到）。有些人更傾向於用這些方法來獲得幫助，因為他們可能會希望治療保密，而這些治療方法留下的書面醫療記錄更少，他們會覺得更能控制自己所選擇的治療方式——當然這是要支付費用的。

任何人都可以預約諮商師、心理教練或治療師，只要你提出要求，總是能獲得幫助。預約一位訓練有素的心理專家的好處就在於，不論你是通過公立的醫療系統還是私人的心理諮商服務，你面對的幾乎都是陌生人。相比與特定的朋友或家庭成員聊天，我們更願意選擇陌生人，因為我們對他們沒有情感依賴。他們受過傾聽訓練，會對談話內容嚴格保密，也不會隨意評價你，他們唯一的目標就是為前來尋求幫助的人消除心理上的負擔。一個談話治療的療程可以幫助你找到問題的答案，並且能提供一個對你和你的意見完全尊重的安全環境，讓你能以不同的視角來看待自己的問題。

　　通常這會是一個可以讓你痛快大哭、大叫、聊天和大笑的機會，你也可以僅僅把它當作你自己的空間，用來安靜思考。對於那些想要弄清楚自己的處境和感覺的人來說，這樣的時間和空間多麼寶貴！有人覺得談話治療並沒有讓問題消散，但至少讓人面對起問題來更容易，心裡更加輕鬆了。當我們覺得輕鬆時，焦慮感也就漸漸消散了。

把情緒
釋放出來

AHHHHHHH

這樣很好！

心理諮商

　　成功預約一位心理治療師、心理教練或諮商師已經讓人想想就頭痛了，更別提開始真正意義上的第一次諮商了。人們往往在第一次諮商時會緊張憂慮，這再正常不過了！畢竟我們要談到的可是自己內心的想法和感受。我接待過的每一位個案在第一次會面過程中都會非常緊張，對此諮商師已經習慣了，他們會盡可能幫你放鬆下來。等結束對話時，你會覺得心裡輕鬆了許多。

選擇合適的心理諮商師

　　如果你不知道自己想找什麼樣的諮商師，可以多查看他們的個人資質、培訓和執業的時間有多長，以及他們是否是專業機構的會員。

　　你也可以詢問他們是否擁有你所在意的特定領域的培訓以及工作經驗。一位好的諮商師會樂於向你推薦更適合你需求的人。

選擇適合的諮商方式

　　心理諮商的方式多種多樣。雖然傳統的面對面諮商仍是主流，但網絡的發展已經提供了很多其他可能性，現在你也可以選擇視訊諮商、電話或信件諮商等等。

　　金錢、時間和交通成本都應該是你在選擇諮商方式和地點時要考慮的因素，這些選擇決定了你所找的諮商師是否最適合你，

是否最能滿足你的需求，能否以你想要的方式進行溝通。我有一位個案住在蘇格蘭北部，當地的治療資源非常有限，他也沒有時間來找我。多虧了網路，我們能夠每周通過 Skype 來談話，他已經有了顯著的進步和改變——而這一切他在家裡就可以完成。

好好想想哪種諮商方法最吸引你，以及為什麼吸引你。

初次諮商

第一次諮商通常比後續諮商時間更長，一般在９０分鐘左右（後續每次諮商通常在５０－６０分鐘），包括介紹、雙方相互瞭解和破冰。

諮商師會向你介紹他們的保密原則，好讓你對環境建立起安全感和信任感。你也可以利用這個機會提問（你可以在見面前先列出自己想問的問題），而諮商師也會問你一些問題，比如「是什麼促使你來治療的」「你期望達到什麼樣的目標」「你有哪些症狀」……他們也會向你解釋他們的工作內容：治療的理念和方法、治療時間、後續的治療計畫等。

後續治療

諮商師會和你共同商討、確定一個雙方都可接受且可行的諮商時長。大部分諮商會持續一個小時，通常這是人的注意力集中的最佳時長——對個案和諮商師而言都是如此。有的諮商師會在結束後給個案一些「回家作業」，有人認為這是心理諮商的有效延續，也有人覺得這是向諮商師表明自己在進步的方式。

何時結束諮商

諮商師也會跟你商談何時中斷或結束諮商，並對你的整個治療過程進行監督。有些人只有一個療程，有些人則有一整套治療方案，這些都可以隨時溝通、更改。多和諮商師談談你的療程，確保你對於他的建議和你們協商的結果完全滿意。

談話的積極作用

在前面的章節中，我們曾討論自行濫用藥物和其他有害的應對方式，自我傷害也屬於這一類別，有些人會以自殘的方式發洩情緒。談話治療與心理治療對於有自殘傾向的人特別有幫助，讓他們有情緒宣洩的管道，以一種更安全、健康的方式擺脫焦慮情緒。

如果無法通過語言或其他方式表達自己，有的人（不僅是年輕人）會通過傷害自己的方式來釋放內在的痛苦。令人擔憂的是，採取這種方式的人數正逐年上升。由英國國家醫療服務體系公佈的數據顯示，２０１４年以來，在１６到２４歲的年輕女性中，有近２５％的人有自殘行為。「自殘」是指人故意傷害自己，包括割傷皮膚讓自己流血，拉扯頭髮，重擊自己，抓傷或刺傷自己，把符號或文字刻進皮膚以及燒傷自己。

不要對有自殘行為的人妄加指責，而是試著幫助、並相信他們能學會從其他渠道發洩痛苦、控制感和挫折感。

談話是一種天然的釋放方法，但需要很多時間和耐心來嘗試。如果你或某個你認識的人有自殘行為，建議去看家庭醫生。你也可以訪問相關網站來獲取更多建議。最重要的是要記住，你並非孤單一人，有些渠道能夠幫助你。

我在前文說過，真誠溝通對我們來說可能並不容易，但絕對值得嘗試，這就需要我們發揮最大潛能，勇於分享自己的問題，向外在世界邁出探索性的一步。

對自己坦誠是溝通的第一步

認識我的人都知道我愛說話，而且很能說，甚至我已故的公公當初對我說的第一句話就是：「安娜，你說得太多了。」這就是我留給他最深刻的印象！我想自己作為一個電視節目主持人這麼多年，早已深諳滔滔不絕的技巧，並且我也享受其中。但是，背台詞是一回事，把內在的感受說出來就是另一回事了，我花了好幾年時間才掌握和適應。

我覺得自己是一個良好的溝通者，尤其是在工作場合。然而，「崩潰日」之後我清晰地意識到，「另一個我」表現得非常糟糕。日常的煩惱、意見和情緒構成了「另一個我」，其他人都無法看到或者聽到這個「我」。那些強烈卻未曾說出口的念頭一直在「我」腦袋裡迴盪盤旋，找不到釋放出口。現在通過治療，終於有了這樣的出口。

當時不太穩定的人際關係也讓我不知不覺地選擇了保持沉

默。我害怕別人說我小題大做，就只好先忍著，期望這些感覺終有一天可以自行消散。如果有人問起我的健康狀況，即便我當時感覺很不好，我也總是會說「很好」。

阻攔我的究竟是什麼呢？那就是恐懼。我害怕窘迫，害怕未知，害怕開始嘗試一系列棘手的事情，害怕弄清楚那可怕而又無法解釋的焦慮感。因此，當我情緒崩潰並最終喊出「幫幫我」時，我立刻感到如釋重負。

從我的個人經驗中出發，我完全能理解為什麼人一定要狠狠跌入谷底才能開始轉變。在被同事送回家、休了幾周病假之後，我最終完全接受了這個事實——我需要向那些與我最親近、我最愛的人吐露自己的秘密。

溝通的第一步就是對自己坦誠。我得信任周圍的人，因為他們最瞭解我，能夠傾聽、接受並支持我的感受。我的父母是我的堅強後盾，在每個我需要的地方都給了我依靠。在此之前我始終不想麻煩他們——我知道很多人都有同樣的想法——但這不是最好的做法。我的兄弟們也是我應援團隊的重要組成。沒有人和我談過他對這件事的想法，其實他們什麼都不說才是真的幫我。他們沒有挖苦取笑過我（一次也沒有），會在我需要的時候送上一杯茶，給予我所需要的安全空間。有一晚我和我弟弟詹姆斯一口氣看了好幾部電影，我們只是坐著陪伴彼此而不作聲，這段回憶一直讓我心存感激，因為他給予了我純粹的安全感。

在我恢復的過程中，朋友們也扮演了重要角色。我一直習慣於隱藏自己的真實感受，當我因為焦慮得厲害，沒心情接受朋友邀請出去玩時，就會編一些「我偏頭痛發作了」之類的能讓人信服的藉口（我希望它能），直到後來我再也找不到什麼合適的藉口了，才最終向他們坦白了實情。我真希望自己當時就能對焦慮有現在這樣的瞭解，能夠相信那些從過去到現在一直陪伴我的人，拋開窘迫和尷尬。他們都是很棒的人，最棒的是每個人都帶著聆聽的雙耳、可供依靠的肩膀以及美酒……天哪，能和他們談話真的太好了！

我的精神科醫生羅伯特‧夏皮羅博士是為我提供幫助的一位關鍵性人物。與朋友和家人談話帶給我的幫助雖然很大，但有些事情還是不太清楚該如何表達或者卸下，我需要更專業的幫助。

在開始心理治療之前，我並不認識羅伯特‧夏皮羅博士，他是一個與我沒有任何情感關聯、對我沒有預設的陌生人，他也不認識我生活中的任何人。這個前提讓我能徹底卸下心防。他的專業知識和技巧（包括後文要提到的催眠術）真的幫助我釐清了內心最深層、最陰暗的恐懼。在他那間小小的辦公室裡，每周一個小時，我可以談天，哭泣，學會如何卸下包袱、釋放被壓抑的情緒，我也學會了如何接納自己和身處的環境。在夏皮羅博士的幫助和指導下，我很快瞭解了我是誰、我怎樣才能成為一個真正快樂的人。最重要的是，我學會了如何控制焦慮和恐慌發作。

小練習

大腦清理

　　把感覺釋放出來往往是我們尋求幫助和支持的第一步。説起來容易做起來難，不是嗎？我要説什麼？應該怎麼説？什麼時候説？這些都是我們在談到有效溝通時需要仔細思考的問題。這裡有一些小建議。當你要把自己的感覺告訴身邊信賴的人時，這些建議尤其管用。

- **選擇一種媒介**——紙、筆，智慧手機，平板電腦都可以。你可以畫蜘蛛圖、心智圖或者腦力激盪，或者寫一封給知己，甚至是給你自己的信件。無論通過什麼方式來釋放焦慮都可以，只要是讓你感覺正確的方式，就可以嘗試。我喜歡把這個過程叫作「大腦清理」——清理掉你所有的想法、感覺和焦慮情緒。

- **要對自己坦誠**——這可能是最艱難的部分。當我們毫無隱藏的時候，也就沒什麼要煩惱的了。在寫下你所有的體驗和感受時，別忘了去體會那種釋然。記住，這是你最為隱密的想法和感覺，你有權決定與誰分享。

- **要有創造性**——有時我們會對一首歌、一個故事或一首詩裡的某些詞彙感同身受。吸收並活用這些語言來表達你自己的情感，這是有好處的。

- **分享**——你可以留下自己寫的東西，日後需要的時候再拿出來一讀（以後回頭看也是非常具有啟發性的），也可以鄭重其事地把它燒毀或撕碎，這會讓你感到解脫，彷彿自己徹底擺脫了這些情緒似的。你還可以與一位可依賴的朋友或家庭成員一起分享你「大腦清理」的成果，甚至可以把它讀給你的家庭醫生或心理治療師聽。

- **選擇分享時刻**——如果你決定分享你「大腦清理」的成果，這很好！找一個合適的時間和地點，與你信賴的人交流，要挑他們不忙或者不會分心、感覺放鬆的時機，可以問問他們是否有時間，什麼時候方便和你聊聊。留意你的身體語言和語音語調（如果你要說話的話）。你要為這個場合做好準備，讓自己盡可能地舒適、有掌控感。

催眠是什麼？

　　催眠是對意識的一種引導，在這種狀態下，個人對於指令或者建議會有較高的反應度，於是就會發生轉變。催眠術被定義為一種「對人類意識狀態進行改變」的方法，常常被作為一種有效的放鬆技巧來使用。在催眠狀態下，被催眠者全程都是有意識，並處於掌控之中的，催眠者會用語言提醒、指導和探索被催眠者的想法、感覺和記憶。

　　催眠會讓人感覺像是在做一場白日夢。催眠狀態下的人並非在睡覺，事實上他們一直都是充分警覺並且有意識的，只是被催眠排除掉了不必要的噪音和刺激因素，可以集中注意力在當下的困擾上。

　　對於催眠在治療焦慮症方面有多奏效，以及有多少證據能夠證明它的效果，仍然有許多疑問，然而很多人（包括我自己）是非常支持這個方法的，因為它的確能讓人感到極度放鬆。記得要選擇一名有醫療背景和認證的合格催眠師。

找回自己的價值觀

　　釐清自己的價值觀和信仰，是探索並接納「我是誰」的重要一步。價值觀和信仰是構成「我是誰」的核心部分，它決定了哪

些對於我們來說是真正重要的東西，幫助我們為實現人生目標打下堅實的基礎。價值觀無法妥協，因為它是你最基本的支柱，可以幫你找回內心的清晰、安寧和滿足。

當其他影響混淆了我們的視角和判斷時（比如那時我被漫無邊際的焦慮感折磨得精疲力竭），我們就會看不清對自己而言最重要的東西，忘了我們究竟是誰、有著怎樣的價值。找回自己的價值觀和信仰，自豪地去理解和實踐，可以重塑我們在與焦慮這頭怪獸纏鬥時失落的自尊和自信。

關懷即分享

這句話看起來可能不太容易理解，但是關心他人對你自己的恢復是大有好處的，這是貨真價實的雙贏。你可能聽過「以心換心」這樣的話，從我的經驗看來，一個人在應對焦慮的過程中更能體會到這句話的含義。

向他人展現同理心和同情心不僅會得到對方的感激，也會為你的自尊和自信心帶來很大的改變。我可以辨別出一公里外某個人正在經歷著恐慌或是在應對焦慮，在我自己經歷這些之前，我是完全做不到的，但是當我經歷過之後，我就能留意到其他人身上出現的類似狀況——最美妙的是，你理解他們，知道該如何通過言語和行動來安慰和幫助他們。

諸如「你還好嗎」「你想聊聊嗎」這樣的問題，都是非常簡單又有效的。

　　絕對不要低估了你留意到他人異常時對方的感激程度。花點時間去做朋友和家人的傾聽者，時不時地問問他們的感受，讓他們知道，如果想要聊天，你隨時可以奉陪。

　　當然，在自己有餘力的前提下去關照他人（要記住，照顧好自己才是你最重要的事），這不僅僅是簡單地做一件好事，也會大大幫助那些可能正掙扎在痛苦中卻求助無門的人。你的行為會對他們的生活產生很大的改變。這也會給你帶來益處，是一件雙贏的事。

小練習

自豪地大聲宣佈：「這就是我！」

　　在這個練習中，我要幫你梳理出那些對你來說獨特、美好且重要的東西，它們構成了每個人獨一無二的價值觀。我們把它們按照重要程度來排序，看看它們對我們有多重要，在多大程度上塑造了我們的想法、感覺和行為。

　　常見、正面的特質包括：

- 信任
- 忠誠
- 成功／財富
- 健康
- 溝通
- 愛
- 安全感
- 誠實
- 隱私
- 快樂
- 平和

- 自信
- 正直
- 職業道德
- 責任
- 同情心
- 同理心
- 判斷力
- 善良

想一想你的價值觀包含哪些。找一張紙，把你能想到的，以及對你來說重要的東西，盡可能詳細寫下來。

▼

現在，我們要把範圍縮小，篩選出五項你最看重的東西。列一張清單，挑出最重要的一項作為你的 NO.1，然後依次寫下另外四項，根據它們在你心目中的重要程度來排序。

▼

檢查一下。問問你自己：「如果我只能擁有 NO.1 而不能擁有 NO.2，我會願意嗎？」如果答案是肯定的，那麼它就在你價值觀體系前五名裡佔據著正確位置。如果答案是否定的，那就意味著你要再做調整，讓它更符合心中的排序。

▼

排序的時候要一直問自己：「如果我把這一項往前調，而不是往後放，這樣可以嗎？」這樣的問題，直到你對自己列出的前五項都滿意為止。

為了讓你更明白，我把我的排序給你參考：

安娜的價值觀清單前五項：
- 快樂
- 安全感
- 人際關係
- 溝通
- 信任

在我們給心目中最重要的五項排好序之後，相信我，隨著我們真正明白每一項的意思，這個排序還會發生變化——這很好，也是這項練習的關鍵。接著我們可以選擇某一項，對圍繞和支持這一項的信念進行腦力激盪。

我非常喜歡這個部分——畫蛛網圖或衛星圖。你也可以列一張清單，把你的選項都放在這一頁的中間或頂部（從排名第一的選

項開始，它是最重要的），然後發揮創造力，去設想為了讓這一項有效實現，我應該做些什麼——這就是你的信念。

比如，我寫下自己排名第一的「快樂」，為了實現它，我的核心信仰有哪些：

價值觀＝快樂

信仰＝

1. 花時間和家人、朋友們在一起。

2. 有時間放鬆。

3. 與他人愉快地聊天並開懷大笑。

（我會繼續列下去，盡可能地列出我所認同的信仰，然後對價值觀清單上的其他選項也做同樣分析，你會驚奇地發現它們之間的相互關聯性有多麼大。）

這項練習看似簡單，卻非常有趣且有效，充滿積極性（能夠很好地緩解焦慮），富有巨大的力量，可以提醒你自己是誰，對你來說什麼最重要。

用這種方式來探索我們的價值觀真的會很有啟發，甚至讓人驚訝，我們發現原本以為最重要的，比如責任和財富，實際上並不比其他東西來得更重要，比如忠誠和溝通。我們也更能看清它們可以帶給我們什麼——關於我們怎樣才能目標更清晰地去過以後的生活，這個問題也許還有不同的答案。

　　瞭解自己的價值觀，我們才能更好地掌控自己的行為和情緒，意識到怎麼做才能讓自己感覺更良好，進而找到許多不同的方式來實現，其中最積極有效的抗焦慮練習就是——快樂。

生活總是像雲霄飛車一般考驗著我們

　　當我們清晰地知道自己要去往哪裡，為什麼要去，以及我們要如何抵達時，生活就會變得明朗、自由，甚至激動人心。

　　我從自己過去數十年的經驗中瞭解到，提升自我覺知，充分理解並接納自己的生活，探索「我究竟是誰」，無疑將我的生活之路引向了更美好的方向。

　　一路走來，磕磕碰碰不斷，好在我沒有回頭，堅持了下來。我在與焦慮和恐慌症的交鋒中學到了許多，原來那個膽怯的、一味天真地討好別人的自己也從此消失了。

　　也許聽起來覺得不可思議，但是我真的對自己充滿焦慮和恐慌發作的過往心懷感激，我已經能夠泰然處之了。如果二十出頭的時候我沒有經歷過這些，說實話，我也不會成為現在的我。

　　你可能要問，現在的我是怎樣的一個人呢？你可能需要自己發揮一下想像了。不過我自己看來，我是一個快樂、滿足、不會對人妄加評判、有同理心、自我意識強、坦率且鎮定的人。

　　現在寫下這些字句，我仍然會覺得不可思議，也會感到自豪。我並沒有「被治好」，我也不太贊同給焦慮者貼上一個「已治癒」的標籤，彷彿在說我們再也不會有焦慮感，現在我已經知

道了，焦慮感是健康而且正常的——前提是人們能以正確方式來對待它。

在過去的十年中，我一直致力於幫助那些和我有同樣遭遇的人。我越來越明白，當時我經歷過的問題，許多人同樣正在經歷著。我對那些願意與我分享經歷、對我予以信任的人，充滿著感激和讚賞。

我們都是普通人，生活總是像雲霄飛車一般考驗我們，但是通過閱讀這本書，通過瞭解你自己，通過接納和放下過去，你一定會得到一個更加健康、快樂和遠離焦慮的未來。

勇敢地做你自己，我的朋友，要為自己感到自豪，迎接未來的美好日子。能與你分享這一切，我十分榮幸。

小練習

創造未來的你！

　　這個簡單而有趣的練習是我的最愛之一。現在我們已經更加自信、充滿力量，那就用一些視覺上的證據來進一步構造我們的未來吧。

　　找一張大的卡片或畫布，也可以用智慧手機或平板電腦，甚至找一面白牆，我們要在上面創造一個「未來的你」！

- 利用雜誌、圖片搜尋軟體或網站等激發靈感，創造一個「未來的你」主題拼圖板，要盡可能栩栩如生。

- 可以裁剪、黏貼，或者書寫、描繪，也可以複製、列印……運用一切方式，對於「未來的你」看上去和感覺起來應該是什麼樣子的，來創造視覺化的呈現。圖片、名言、繪畫、名人、地方、感覺、願望……任何讓你激動和充滿熱情的事物，都可以放在板上。

- 你可以一直更新，但要把板子放在你始終能看得到的地方，要讓自己去成為你創造的那個人。

- 把我們的渴望呈現出來，持續關注它，就是給自己機會去實現它。享受這個創造「未來的你」的過程吧！

交談、分享和關心

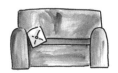

交談、分享與關懷

　　積極的人際關係和真誠的交流是心理健康的關鍵。與他人談天、分享可以舒緩緊張情緒，幫助你保持良好的心理狀態，還能幫助你理清自己的想法、感受和主要顧慮，明白自己可以做些什麼。

　　將情緒表達出來，還可以建立和鞏固人際關係，提升歸屬感，讓你感到不再那麼孤單。

學會分享和表達自我感受

建議 1 ——鼓勵你周圍的人

　　如果你能表達出你的情緒，就可以鼓勵你周圍的人做出同樣的事情。你可以從簡單的三個字「我覺得……」開始，可以一邊做別的事情一邊說，而不是面對面坐下來說——這樣壓迫感也會少一點。

建議 2 ——支持性的回應

　　下一次當你聽到身邊親近的人說他們「壓力很大」或「很

忙」的時候（似乎現在我們大部分人都會這樣），不妨鼓勵他們來談談自己的感受——記住，我們都是有感覺的人！試著說一些支持性的話來回應對方，如「聽起來你好像做了很多事」或「聽起來真的很難」。即便是這樣也可以幫助他人減輕包袱，讓他感到有人在傾聽，他並不孤單。

建議 3 ——用書寫溝通

如果覺得談話不容易進行，也可以試試安娜的方法，用書寫來代替。寫日記可以幫你應對煩惱，也可以記錄下你的想法，你彷彿在和一位朋友紙上聊天似的。你還可以通過更有創造性或更抽象的方式來表達，比如寫成歌詞、詩歌或短篇小說。

我們都是不同的。當談到生活中遇到的困難時，每個人都有不同的態度。有人十分坦誠，有人則充滿戒備，還有人可能處於兩者之間。

想一想，你希望自己處於哪個位置？你對於談話的認知來自哪裡？當你還是孩子的時候，你是怎樣表達情緒的，你觀察到家人是怎樣表達情緒的？你可以把談話當作是對你目前狀況的管理，這總比某些消極的方式，比如示弱或拒絕交談更有幫助。

我很榮幸能夠傾聽個案的內心焦慮。對一些人來說，敞開心扉，讓我聽到他們的故事，往往是邁向更美好的人生之旅的開始。這段旅程中的風景包括：理解一切來勢洶洶的感覺，學會忍受人生中的不確定性，接受不完美，以及發掘應對問題的新方式。學會與自己對話，讓其他人看到你的脆弱，這些都會給你的生活帶來改變——正如它們改變了安娜的生活。我常常會想，要是人們真的知道焦慮有多麼常見就好了，哪怕是最自信、最成功的人也會被焦慮所困擾。

　　如果你正在考慮找一位心理專家聊聊，你可能很想知道這麼做是否有效果。不幸的是，這個問題並沒有明確的答案——對於每一個個體，太多因素都會影響最終的結果。好在你可以利用許多工具來評估自己的焦慮和痛苦程度，看看自己有多大的動力來改變生活。你還可以看看安娜在前文「我可以和誰談話」中給出的指導，一旦選擇好了聊天對象，就放手一試吧！這真的會為你帶來積極的改變。

附錄
兒童焦慮管理工具包

作為一個兒少節目主持人,十幾年來,我曾與許多不同年齡和生活背景的孩子有過溝通和互動。作為「兒童教養熱線」的顧問,這些年來我也聽到了很多小朋友說他需要一個安全、可以信任的地方,讓自己可以暢所欲言。

據報道,許多問題會讓孩子產生與日俱增的焦慮和壓力(尤其在當今社會),其中有來自學校和父母的壓力,還有很多來自友情和自尊。我們不應該忽略孩子們的聲音。有時大人可能會想「還是個孩子,有什麼可擔心的」,但是從我的專業和個人經驗來看,兒童往往需要更多的支持,才能擁有一個無憂無慮、充滿希望的未來。

瑞塔博士在這裡要與你分享她的「兒童焦慮管理工具包」,這套工具包很有用,有需要的成年人也可以借鑑。

# 幫孩子學會管理焦慮

　　如果你是家長或監護人，那麼在幫助孩子學會「管理焦慮」的技能上，你將扮演非常重要的角色。

　　首先我想要強調的是，兒童在發展過程中會經歷許多典型的恐懼期，比如：大約在１２－１８個月時出現分離焦慮，兩到四歲時會怕黑或害怕特定的某種動物，青春期會對社交感到焦慮。然而，有些兒童會進一步出現一些症狀，引發更多的壓力，干擾到他們的正常生活。其中需要家長或監護人格外留心的症狀有：恐慌、生氣、易怒、緊張、經常擔心、固執、哭泣、突然發脾氣、注意力分散、睡眠和飲食困難，並抱怨身體不舒服（肚子痛、頭疼、呼吸困難等）。

　　通常我建議你尋求專業的評估，尤其當孩子的焦慮問題有所惡化，甚至影響到了他在學校或家裡的日常生活時。你可以找家庭醫生或校方聊一聊，他們會向你提供當地的國民健康保險制度內的兒童心理健康服務，或者也可以找私人的心理健康專家。

除了來自專家的支持之外，還有很多你可以為孩子做的事。在我曾經服務過的家庭中，我支持孩子和父母創造出屬於他們自己的「焦慮管理工具包」，裡面包含了許多我在本書中提及的、供成年人參考的觀點，但更多是考慮了兒童的年齡和發展階段。

兒童焦慮管理工具包

- 幫助你的孩子成為一名「焦慮管理專家」（記住，知識就是力量）， 可以通過自助類書籍、網站、影片資料、手機應用等積累相關知識。

- 設計精神喊話小卡片（比如「焦慮就是嚇唬人的，我可以戰勝它」），並練習使用。假設孩子對去學校感到焦慮，就可以用「我可以做到，我會沒事」的宣言來替換焦慮的想法，幫助他們減輕焦慮。

- 學會放鬆和正確地呼吸。有許多供孩子閱讀的資料能讓學習過程更加有趣，你可以上網搜尋看看。

- 找一個盒子，裝滿可以讓孩子平靜下來的東西，用於情緒急救（最好是一些能讓各種感官都平靜下來的東西，比如像是讓人想要抱一抱的玩具——觸覺；心愛的假日

明信片或最愛的人的照片 —— 視覺；最喜歡吃的零
食——味覺等）。

- 通過建造「恐懼梯子」（從「最不害怕的」到「最害怕
  的」從下到上排序，恐懼程度逐漸提升），幫助孩子面
  對恐懼，讓孩子知道焦慮是可以忍受的。

我會在設計工具包的過程中融入一些有趣元素，讓它變得
富有創造性（可以包括畫畫、剪貼圖片等）。找一張Ａ３或
Ａ４大小的紙，鼓勵孩子畫一個工具包的圖片，然後在其中
畫出（或寫下）應對焦慮的不同方式，之後我們就可以展開
討論，例如：

- 孩子可以寫下「記住要深呼吸」或「記住我看過的影
  片——逃避讓我更煩惱」。

- 利用孩子最喜愛的玩具、人物或電視節目。我使用過樂
  高迷你人物來表演如何進行更有效的家庭對話，還用迪
  士尼公主的圖片來啟發孩子思考如何克服恐懼、變得勇
  敢，再把想到的都寫下來。

- 要隨手準備盡可能多樣的工具。在焦慮發生的時候，如果只使用某一種工具的話，大部分孩子都會說：「不管用！」

- 記住，再多的工具也不能代替你的作用。工具只能輔助對話，推動問題的解決，重要的還是你與孩子的溝通。

最後，不要低估了榜樣的力量！孩子會觀察你是如何應對焦慮和壓力的，並加以學習模仿。當你焦慮不安的時候，孩子會看到你做了什麼。你是否曾因為焦慮而咆哮，或情緒化地叫人閉嘴？有沒有什麼更好的做法（面對現實些吧，家長也只是普通人）？你是否可以用符合自己年齡的方式來表達情緒，好讓孩子能理解你的感受？這也是一個跳出來看問題的機會，你既能讓自己冷靜思考，又能讓孩子看到自我關照的重要性。此外，通過不時產生的焦慮，你也可以讓孩子瞭解不同的人看待問題的不同視角，以及爭吵之後如何修復關係等人際關係方面的問題。

作為家長，當你試著想讓焦慮中的孩子平靜下來時，首先要處理好自己的情緒——孩子很有可能會通過你的身體語言或者語音語調來感知你的情緒。用冷靜平和的聲音承認他們

此刻的感受，比一味叫他們冷靜、告訴他們「一切都會好起來」效果更好。情緒不會永遠持續下去，它們會來，也會消散。即便是最難熬的情緒，比如焦慮和恐懼，最終也都會過去的。

如果孩子害怕和你分開的話，不要對他的焦慮視而不見，也不要輕飄飄地告訴他「一切都會好的」。試著和孩子一起給這些情緒命名，讓孩子和你談談究竟是什麼讓他們失落。你可以策劃一個告別儀式，或給孩子一個屬於你的特殊物件，在你離開之後給他安慰。你也可以轉移孩子的注意力，讓他憧憬放學之後你們一起在院子裡、沙發上或公園裡愉快玩耍的情景。

致 謝 1

如果沒有這幾位的支持和信任，這本書很可能就只是異想天開的白日夢了：

我要非常感謝這本書卓越的編輯夏洛特·克羅夫特（Charlotte Croft）和 Bloomsbury 出版社的整個團隊，他們的專業知識、見解和對我的鼓勵都是無價之寶，他們是最好的出版社！

感謝優秀的心理學家（以及超級媽媽）瑞塔·諾威博士！我剛認識她時就敢肯定她是本書的完美顧問，我與她分享了不少能夠幫助焦慮症患者的經歷與觀點。她的專業建議為這本書起到了畫龍點睛的效果。

感謝我的經紀人珊曼莎（Samantha），她是我的得力助手，也是最早鼓勵我與你們分享我焦慮經歷的人。是她把我和 Bloomsbury 出版社湊到一起，組成了絕佳的夢幻隊伍，如果沒有她，這本書絕不可能成功出版。偉大的克萊兒（Claire），我忠實的朋友和公關，她從未讓我失望過，而且非常瞭解我！

由衷地感謝我親愛的家人，尤其是我的父母，他們從不批判我，而是一直支持我，讓我感覺非常踏實，他們也參與塑造了今天的我。是他們證明瞭愛與擁抱可以征服一切！

　　我親愛的朋友們，你們根本不知道自己有多好。不論我曾經多麼沮喪或古怪，你們都不曾放棄我，你們都是我的基石。

　　感謝我的丈夫、我的「隊友」艾力克斯（Alex）。他總能理解和接納我的抱負，在我進入寫作瓶頸的時候一直鼓勵我，全心全意地支持我和這本書。這裡要特別提到我們的小赫西（Hercy），在我寫作、出版成書的九個月中一直在我的肚裡陪伴我，安慰我，即便在我最孤獨的時候。

　　由衷地感謝心理健康慈善機構 Mind、兒童教養熱線和王子信託基金——我非常自豪能夠成為這三家卓越的慈善組織的大使和發言人。在這裡我尤其要感謝蘇菲・羅林斯（Sophie Rawlings）、保羅・法默（Paul Farmer）和 Mind 團隊給予這本書的幫助，他們在心理健康領域的貢獻無數，並且會繼續改變著焦慮症和其他心理問題患者的生活。

　　最後（也是最重要的），我要把最熱烈的掌聲送給每一位讀者、每一位焦慮症患者。感謝你們願意拿起這本書，願意瞭解許多人正在經歷但只有極少數人談及的問題。所有給予我靈感的個案、粉絲以及追隨者們，我真的很幸運能夠受到你們的歡迎，進入你們的生活，我也很榮幸地歡迎你們進入我的生活裡。

安娜・威廉姆森
Anna Williamson

致 謝 2

　　多年來，我非常榮幸能夠結識我的個案、同事和主管們，有了他們的幫助，我才能成為一名臨床心理學家。我還要感謝我的兩個美麗的女兒，她們一直給我愛和親密陪伴，最後要感謝我丈夫的全力支持！

瑞塔・諾威

Reetta Newell

國家圖書館出版品預行編目（CIP）資料

焦慮型人格急救手冊：如何在情緒的狂風巨浪中一再脫險？/ 安娜．威廉姆森
（Anna Williamson), 瑞塔．諾威（Reetta Newell）著 ；高源譯. -- 二版. -- 臺北
市：日出出版：大雁文化事業股份有限公司發行, 2023.11
288 面；14.8*20.9 公分
譯自 :Breaking mad : the insider's guide to conquering anxiety
ISBN 978-626-7382-10-3（平裝）

1.CST: 焦慮 2.CST: 生活指導 3.CST: 心理治療

176.527   112017055

焦慮型人格急救手冊(二版)
如何在情緒的狂風巨浪中一再脫險？

BREAKING MAD: THE INSIDER'S GUIDE TO CONQUERING ANXIETY
By ANNA WILLIAMSON AND ILLUSTRATED BY BETH EVANS
Copyright © 2017 by ANNA WILLIAMSON AND ILLUSTRATED BY BETH EVANS
This edition arranged with BLOOMSBURY PUBLISHING PLC
through Big Apple Agency, Inc., Labuan, Malaysia.
Traditional Chinese edition copyright:
2023 Sunrise Press, a division of AND Publishing Ltd.
All rights reserved.
本書中文譯稿由北京陽光博客文化藝術有限公司授權使用

作　　　者　安娜‧威廉姆森（Anna Williamson）、瑞塔‧諾威（Reetta Newell）
繪　　　者　貝絲‧伊凡斯（Beth Evans）
譯　　　者　高源
責 任 編 輯　李明瑾
協 力 編 輯　邱怡慈
封 面 設 計　謝佳穎
發　行　人　蘇拾平
總　編　輯　蘇拾平
副 總 編 輯　王辰元
資 深 主 編　夏于翔
主　　　編　李明瑾
行　　　銷　廖倚萱
業　　　務　王綬晨、邱紹溢、劉文雅
出　　　版　日出出版
發　　　行　大雁出版基地
　　　　　　新北市新店區北新路三段207-3號5樓
　　　　　　電話：(02)8913-1005　傳真：(02)8913-1056
　　　　　　劃撥帳號：19983379 戶名：大雁文化事業股份有限公司
二 版 一 刷　2023年11月
定　　　價　460元
版權所有‧翻印必究
I　S　B　N　978-626-7382-10-3

Printed in Taiwan‧All Rights Reserved
本書如遇缺頁、購買時即破損等瑕疵，請寄回本社更換